歎異抄略註

たんにしょうりゃくちゅう●たやらいしゅん

多屋頼俊❖著
石橋義秀
菊池政和❖監修

法藏館

はしがき

和讃史・親鸞聖人御消息・『歎異抄』など仏教文学に造詣の深い故多屋頼俊博士（大谷大学名誉教授）の名著『歎異抄略註』は、昭和三十九年五月一日に法蔵館より出版され、好評を博したが、絶版になって四十年近くになる。『略註』の復刊を望む声が多く、今回、装丁を新たにして、多屋博士が厳選され必要不可欠とされた註釈と、的確な解説を復刊できるのは、望外の喜びである。復刊に当たり、次の諸点について、変更・訂正を加えた。

一、『歎異抄』本文以外は、すべて新仮名遣い・新漢字に改めた。

一、明らかに誤植と考えられるところは、訂正した。

一、初版本では、各章の節は本文中に＊を付して改行せずに番号を示してあったが、今回、節ごとに改行し、番号を示してわかりやすくした。

一、異同部分について、初版本では、文字の左に小さい○を付してあるが、句点との混乱を避けるため、＊に置き換え、本文右に配置した。

一、付編として、多屋頼俊著『歎異抄新註』「序編　歎異抄の意訳」を、新仮名遣い・新漢字に改めて収載した。ただし、索引には、この意訳本文を除いた。

平成二十年五月二十八日

監修者　石橋義秀
　　　　菊池政和

歎異抄略註＊目次

はしがき……石橋義秀・菊池政和　一
凡　例……八

歎異抄略註

序　章　竊廻㆓愚案㆒……九
第一章　弥陀の誓願不思議にたすけられまいらせて……一〇
第二章　各　十余ヶ国の境をこゑて……一二
第三章　善人なをもちて往生をとぐ……一六
第四章　慈悲に聖道浄土のかはりめあり……一八
第五章　親鸞は、父母の孝養のためとて……一九
第六章　専修念仏のともがら……二〇
第七章　念仏者は無礙の一道なり……二二
第八章　念仏は、行者のために非行非善なり……二三

第九章　念仏まうしさふらへども……二四
第一〇章　念仏には無義をもて義とす……二七
そも〳〵、かの御在生のむかし……二八
第一一章　一文不通のともがら……二九
第一二章　経釈を読、学せざるともがら……三二
第一三章　弥陀の本願、不思議におはしませばとて……三七
第一四章　一念に八十億劫の重罪を滅すと信ずべし……四四
第一五章　煩悩具足の身をもてすでにさとりをひらく……四八
第一六章　信心の行者自然にはらをもたて……五二
第一七章　辺地の往生をとぐるひと、ついには地獄にをつべし……五五
第一八章　仏法の方に施入物の多少にしたがひて大小仏になるべし……五六
右の条々は……五八
解　題……多屋頼俊　六七

付編　歎異抄の意訳

序　　章　浅はかな心をもって、私に、故親鸞聖人御在世の時代と……………七九
第 一 章　阿弥陀仏の不可思議な誓願に助けられ奉って……………………八〇
第 二 章　あなた方が、遠い関東から京都まで、十余ヶ国の境を越えて…八一
第 三 章　善人でさえも往生をいたします…………………………………八三
第 四 章　慈悲に、自力の慈悲と他力の慈悲との違いめがあります………八四
第 五 章　親鸞は父母への追善供養として…………………………………八五
第 六 章　一筋に念仏する人々の中に………………………………………八六
第 七 章　念仏は何ものにも妨げられない絶対の大道であります…………八八
第 八 章　念仏することとは、その人にとって、修行になるのでもなく…八八
第 九 章　念仏を申しておりますけれど……………………………………八九
第一〇章　念仏に対しては、私どもの思慮分別を加えないのをもって……九一
第一一章　学問などまったくない人が………………………………………九二

第一二章　たとい信心が深くても、お経やその注釈を読んで……………九四
第一三章　阿弥陀仏の本願は、絶対・不可思議であらせられるからと……九八
第一四章　一声の念仏によって、八十億劫という永い間………………一〇三
第一五章　信心をいただいた者は、あらゆる煩悩を有ったこの肉身の
　　ままで、すでに覚りを開いた者である…………………………一〇七
第一六章　弥陀の誓願を信じている人は、ひょっとして、腹を立てたり
　　……………………………………………………………………一一〇
第一七章　自力の念仏をして方便の土に生まれる人は………………一一三
第一八章　仏教の方に供養する寄付の物の多い少ないによって………一一三
索　引…………………………………………………………………一二一
あとがき…………………………石橋義秀・菊池政和　一四六

凡　例

一、本書の本文は、端ノ坊旧蔵、大谷大学図書館所蔵の室町末期の写本（大谷大学本と呼んでいる）を底本にし、便宜上、句読点、濁点を補った。底本はいわゆる分別書き方になっているので、それをも移すことにしたが、厳密にはできなかった。

一、底本は、漢字にはほとんど全部振り仮名を施してあるが、今は便宜上、その大部分を除いた。また底本の仮名は、すべて片仮名であるが、今は平仮名にした。

一、大谷大学本の大きな特徴は、巻末に「後鳥羽院云々」の裏書及び蓮如上人の奥書のないことである。これが歎異抄の原形であると思うので、この本を底本にした。

一、大谷大学本の本文は、かなりよいものであるが、他の古写本などの方が勝れていると思われる部分は他の本によって補い、その文字の右に＊印をつけ、註にその旨を記しておいた。

一、本書は『校註歎異抄』を修正して改版したものである。

歎異抄略註

【序章】

①竊《かに》廻二愚案《を》一、粗《ほゞ》勘《るに》二古今《を》一、歎《き》レ異《ことを》二先師口伝《の》之真信一、思《に》レ有《らんことを》二後学相続之疑惑一、幸《に》不《ずは》レ依《ら》二有縁《の》知識《に》一者、争《いかでか》得《えん》レ入《ことを》二易行《の》一門《に》一哉。

②全《く》以《て》二自見《の》覚悟一、莫《なかれ》レ乱《こと》二他力之宗旨《を》一。

③仍《て》故親鸞聖人、御物語《の》趣《むき》、所《ろ》レ留《まる》二耳底《に》一、聊《いさゝか》注《しるす》レ之《を》。偏《に》為レ散二同心《の》行者《の》之不審《を》一也《と》。云々

（ひそかに愚案を廻らして、ほぼ古今を勘《かんが》ふるに、先師口伝《くでん》の真信に異なることを歎き、後学相続の疑惑あらんことを思ふに、幸に有縁《うえん》の知識によらずは、いかでか、易行《いぎょう》の一門に入ることを得んや。全く自見《じけん》の覚悟を以て、他力の宗旨《しゅうし》を乱《みだ》ることなかれ。よつて、故親鸞聖人御物語の趣、耳の底に留まるところ、いささかこれを注《しる》す。ひとへに同心の行者の不審を散《さん》ぜんがためなりと云々）

①**古今**―先師親鸞聖人御在世の古と、歎異抄を書こうとしている今（だいたい一二九〇年を少しく過ぎた頃）。　**口伝之真信**―口から直接承った（秘密伝授の意ではない）真の信心。　**後学相続……**―後の者が信仰をうけ伝えてゆくにつけて……。　**有縁の知識**―真に自分を導いてくださる師匠。　**易行の一門**―念仏の大道。易行《いぎょう》は弥陀の本願を信じ、念仏して、往生成仏する道で、難行道《なんぎょうどう》（自分の力で修行して、仏の覚りに至る道）に対する（龍樹の十住毘婆沙論の易行品）。一門は一道。大道。

②**全く**―乱ることなかれの「なかれ」にかかる。　**自見の覚悟**―自分の一人合点。　**他力之宗旨**―他力念仏の教えの本旨。　**乱**―「みだる」。思い誤る。

③**同心の行者**―同じく親鸞聖人の教えによって念仏する人々。

【第一章】

①一「弥陀の　誓願不思議に　たすけ　られ　まいらせて、往生をば　とぐるなりと　信じて、念仏　まうさんと　おもひ　たつ　こゝろの　おこるとき、すなはち　摂取不捨の　利益《りやく》に　あづけ　しめ　たまふなり。

②弥陀の　本願には　老少善悪の　人を　えらばれず。たゞ　信心を要と　すと　しるべ

し。その　ゆへは、罪悪深重《じむぢう》　煩悩熾盛《しじやう》の　衆生《しゆじやう》を　たすけんが　ための　願にて　まします。しかれば　本願を　信ぜんには、他の　善も　要に　あらず、念仏に　まさるべき　善　なきがゆへに。悪をも　おそる　べからず、弥陀の　本願をさまたぐる　ほどの　悪　なきが　ゆへに。」と云々

①**誓願不思議**―阿弥陀仏の不可思議な誓願に助けられ奉って。弥陀は我々を救うために「願」を立てられ、もし救うことができないならば自分は「仏」にならないであろうと誓われたので、その願を誓願という。その誓願は人間には思い議《はか》ることのできないものであるから不思議という。　**往生**―往《ゆ》いて浄土に生まれて仏に成ること。　**摂取不捨**―阿弥陀仏に一体化すること、念仏する人を阿弥陀仏は光明の中に摂《おさ》め取って捨てなさらない（光明遍照、十方世界、念仏衆生、摂取不捨―観無量寿経）。　**利益にあづけしめ**―恵みを蒙らせ。「あづく」（下二段活用）は「西方浄土の来迎に預《あずか》らん…」（平家物語の六道の沙汰）、「利生に関《あずか》らずといふことなし」（同、熊野参詣）などの「あずかる」（四段活用）に通ずる。「身に受ける」の敬語。

②**えらばれず**―差別せられない。　**罪悪**―宿業としての罪。悪を廃《す》てようとしても捨てることができず、善を修めようと思っても、修めることのできない本能的な悪い性質。　**煩悩**―身心を煩《わずら》わせ悩ます本能的精神作用。貪欲（むさぼり）、瞋恚（いかり）、愚癡（おろかさ）などはその代表的なものである。熾盛

は盛んなこと。　**信ぜんには**―信ずるには、「ん」は想定の意を表わす助動詞。　**念仏**―称名念仏。
南無阿弥陀仏と称《とな》えること。

【第二章】

①一「各《おの》〳〵*」十余ヶ国の　境を　こゑて、身命を　かへりみず　して、たづね　きたらしめ　たまふ　おんこゝろざし、ひとへに　往生極楽の　みちを　とひ　きかんが　ため　なり。

②しかるに　念仏より　ほかに　往生の　みちをも　存知し、また　法文等をも　知たるらんと、こゝろにくゝ　おぼし　めして　おはしまして　はんべらば、大《おほき》なる　あやまり　なり。もし　しからば、南都・北嶺にも、ゆゝしき　学匠たち　おほく　座《おは》**せられて　さふらふ　なれば、かの人々*にも　遇《あひ》　たてまつりて、往生の　要　よく〳〵　きかる　べきなり。

③親鸞*に をきては、『たゞ 念仏して、弥陀に たすけられ まいらすべし』と、よきひとの 仰を かふむりて、信ずるほかに 別の 子細《しさい》 なきなり。念仏は まことに浄土に うまるゝ たねにてや はんべるらん、また 地獄に おつべき 業 にてやはんべるらん、惣じて もて 存知せざるなり。

④たとひ 法然上人に すかされ まいらせて、念仏して 地獄に おちたりとも、さらに 後悔 すべからず さふらふ。そのゆへは、自余の 行《ぎやう》も はげみて、仏になるべかり ける 身が、念仏を まうして、地獄にも おちて さふらはゞ こそ、すかされ たてまつりて、と いふ 後悔も さふらはめ。いづれの 行も および がたき 身 なれば、とても 地獄は 一定《ゐちぢやう》 すみかぞ かし。

⑤弥陀の本願 まことに おわし まさば、釈尊の 説教 虚言 なる べからず。仏説まことに おはしまさば、善導の 御釈 虚言 したまふ べからず。善導の 御釈まこと ならば、法然の 仰《おほせ》 そらごと ならんや。法然の おほせ まこと ならば、

親鸞が　まうす　むね　またもて　むなし　かる　べからず　さふらふか。せんずるところ、愚身《ぐしん》の　信心に　おきては　かくのごとし。この　うへは　念仏をとりて　信じたてまつらん　とも、また　すてん　とも、面々《めん》の　御　計《はからひ》なり。」と云々

①**各…**—この一章は、信仰上の問題で、はるばる関東（主として常陸）から上って来た人々に言われた言葉である。この人々の上洛は、親鸞聖人御消息集（広本）の第一、二、三、四通（末燈鈔の第一九、二〇通）と関連するようである。したがって人々の上洛したのは建長四年（一二五二）の頃であろう。「各」は、その上洛して来た人々に対して、「あなたがた」と呼びかけられた語。「各」は、蓮如上人本などによる。底本には、「各の」とあるが、この「の」は、「各」を「おのおの」と読むということを示す送り仮名である→七①念仏者は。　**たづねきたらしめたまふ**—「しめ」「たまふ」は敬意の助動詞。

②**こゝろにくゝ**—知りたく。ゆかしく。　**南都・北嶺**—奈良（興福寺、東大寺等）や比叡山（延暦寺）。

座《おは》せられ—真宗法要本による底本「座《ざ》せられ」。　**人々**—恵空本、真宗法要本による。底本「人」。

③**をきて**—永正本などによる底本もと「をひて」と書き「ひ」を消してある。「き」または「い」を入れるつもりで忘れたのである。　**たゞ念仏して**—もっぱら念仏を称えて。法然上人は善導大師の「一身に専ら弥陀の名号を念じて、行住坐臥に、時節の久近を問はず、念々に捨てざれば、これを正定の業と名づ

く」（散善義）の教えによって念仏に帰せられたのである。　**よきひと**――教養の高い人。善知識。ここは法然上人を指す。　**念仏はまことに…**――念仏を称えて往生することのできるのは、弥陀の本願に依るのである。ところで、本願、念仏、往生というようなことは、すべて絶対界のことであって、人間には思いはかることのできないことである。聖人が「すべて知らない」と言われるのは、そういう意味である。

業――言語・行為・思想の総称。

④**法然上人**――長承二年（一一三三）～建暦二年（一二一二）。安元元年（一一七五）、善導大師の観経疏に導かれて他力念仏を信じ、専修念仏の道を開いた。主著は選択集《せんじやくしゅう》。親鸞聖人が法然上人の門に入ったのは建仁元年（一二〇一）で、師の上人は六十九歳、親鸞は二十九歳であった。　**すかされまいらせて**――だまされ奉って。　**自余**――その他。ここは念仏の他。　**仏になるべかりける身**――仏になるはずであった身。　**とても**――どうしても、こうしても（「とてもかくても」の略）。　**一定すみかぞかし**――確定的な住所ですワイ。

⑤**善導**――中国の唐代の高僧（六一三～六八一）。中国浄土教の大成者。主著は観経疏。親鸞聖人は正信偈に「善導独《ひとり》仏の正意を明らかにせり」と讃仰した。　**むなしかるべからず**――いたずらごとではないでしょうよ（弥陀の本願――釈尊の説教――善導の御釈――法然の仰――親鸞の所説と正しく伝統している）。疑問の助詞「か」を添えて語調を弱めたのは謙遜の意。　**面々の御計なり**――各自のご判断である。

【第三章】

①一「善人　なをもちて　往生を　とぐ、いはんや　悪人をや。

②しかるを、世のひと　つねに　いはく　『悪人　なを　往生す。いかに　いはんや　善人をや』と。*

③この条、一旦　そのいはれ　あるに　にたれども、本願他力の　意趣に　そむけり。そのゆへは　自力作善《さぜん》の　人は、ひとへに　他力を　たのむ　こころ　かけたる　あひだ、弥陀の　本願に　あらず。

④しかれども、自力の　こゝろを　ひるがへして、他力を　たのみ　たてまつれば、真実報土の　往生を　とぐるなり。

⑤煩悩具足のわれらは、いづれの　行にても、生死を　はなるゝこと　あるべからざるを　哀《あはれみ》たまひて、願を　おこしたまふ　本意、悪人成仏の　ため　なれば、他力を　たのみたてまつる　悪人　もとも　往生の　正因なり。よりて　善人だにこそ　往生すれ、ま

して　悪人は」と　仰さふらひき。

①**善人**—往生のために「善」（成仏の因《たね》として読経や写経をし、仏像を造り、寺塔を建てるなどなどのこと）をする人が善人。そのような事を純粋な清浄な心で行なうことができないことを自覚した人が悪人。

なを……—ですらも。「もちて」は強意の語。　**いはんや悪人をや**—悪人が往生することは、言おうか言うに及ばない。

②**と**—「と」は恵空本による。底本にはない。

③**一旦そのいはれあるににたれども**—一応その道理があるようであるけれども。　**本願他力の意趣**—弥陀の本願の趣旨。本願他力は他力本願（他力の本願。本願による他力）。他力は自力に対する語で、阿弥陀仏の力。　**自力作善**—自分の力で「善」を作《な》すこと。　**ひとへに他力をたのむ……**—ひたすらに弥陀の本願力をたのむ心が欠けているから。　**弥陀の本願にあらず**—弥陀の本願の救済目的のものでない（聖覚法印の唯信鈔に「諸行往生といふは…自力の往生となづく。行業もしおろそかならば往生とげがたし。かの阿弥陀仏の本願にあらず、摂取の光明のてらさざるところなり」とあるのと似た言い方である）。

④**真実報土**—真の浄土。方便化土《ほうべんけど》に対する語。報土は願と行に報いて現われた世界の意。

⑤**煩悩具足**—あらゆる煩悩をことごとくそなえていること。　**生死**—生まれたり死んだりすること。迷うこと。　**もとも往生の正因なり**—「もとも」は、最も。第一の往生すべき者である。往生は成仏の意。「仏」という「果」に対して、他力をたのむ悪人が正しき「因」である。

【第四章】

①一「慈悲に　聖道・浄土の　かはりめ　あり。聖道の　慈悲と　いふは、ものを　あはれみ　悲《かなしみ》　はぐゝむ　なり。しかれども　おもふが　ごとく　助《たすけ》とぐること、きはめて　ありがたし。浄土の　慈悲と　いふは、念仏して　いそぎ　仏に　なりて、大慈大悲心をもて　おもふがごとく　衆生を　利益《りやく》するを　言べき　なり。②今生に　いかに　いとをし不便《ふびん》と　おもふとも、存知のごとく　たすけ　がたければ、この慈悲　始終なし。しかれば、念仏まうすのみぞ　すゑとをりたる　大慈悲心にて　さふらふべき。」と云々

①**慈悲**―苦を除き楽を与えること。　**聖道・浄土**―自力聖道と他力浄土。自力教と他力教。　**悲**―かわいがり。　**はぐゝむ**―助けまもる。　**助とぐ**―助けてしまう。完全に助ける。　**いそぎ仏になりて**―急いで、自分がまず仏になって。　**大慈大悲心**―仏としての大慈悲心。

②**不便**―気の毒。かわいそう。　**存知のごとく**―思うとおりに。　**始終なし**―中途半端である。終始一貫しない。　**すゑとをりたる**―最後まで一貫した。

【第五章】

①一「親鸞は、父母《ぶも》の 孝養《けうやう》の ためとて、一返にても 念仏 まうしたる こと、いまだ さふらはず。

②その ゆへは、一切の 有情《うじやう》は みな もて 世々生々《せせしやうじやう》の 父母《ぶも》兄弟なり。いづれも〳〵、この 順次生《じゆんじしやう》に仏に なりて、助《たすけ》 さふらふ べきなり。わが ちからにて はげむ 善 にても さふらはばこそ、念仏を 廻向《ゑこう》して、父母をも たすけ さふらはめ。たゞ 自力を すてゝ、いそぎ 浄土の さとりを ひらきなば、六道四生《ろくだうししやう》の あひだ、いづれの 業苦《ごふく》に しづめりとも、神通方便《じんづうはうべん》を もて、まづ 有縁《うゑん》を 度《ど》す べき なり。」と云々

①**孝養**——もと孝行と同じような意味の語であるが、亡き親への孝行の意になり、一般に亡き人に対する追善供養の意になった。

②**有情**——こころ（情）を有する生きもの。衆生。　**世々生々**——生まれかわり死にかわり（輪廻転生）する、

それぞれの生存者と、その世界。過去に対しても、未来に対してもいうが、ここは過去についていう。一切の動物は、自分が遠い過去以来、幾度となく生まれかわってきた。そのいずれかの「生」における親であり兄弟である。　**順次生**―今の一生が終わって、その次の「生」。　**廻向**―「善」を行なって、その結果としてもたらされる「幸」を自分の将来に、または亡き人に、あるいは他の者にふり向けること。**浄土のさとり**……―本願を信じ念仏して、浄土へ往生して成仏するならば。　**六道**―迷いの世界。地獄・餓鬼・畜生・修羅・人間・天上の六。道は世界の意。　**四生**―迷いの有情。その生まれ方によって四に分ける、胎生・卵生・湿生・化生。　**業苦に**……―業報として地獄・餓鬼など、どんな苦しみに陥っていても。　**神通方便**―不思議な通力に依る方法（天眼通・神足通等々）。　**有縁**―縁のある者。　**度す**―渡す。救済する。

【第六章】

①一「専修念仏《せんじゆねむぶち》の　ともがらの、我《わが》弟子　人の弟子と　いふ　相論*の　さふらふらん　こと、もてのほかの　子細　なり。

②親鸞は　弟子　一人も　もたず　さふらふ。そのゆへは、我《わが》　はからひにて　ひとに

念仏を　まうさせ　さふらはゞ　こそ、弟子にても　さふらはめ。ひとへに弥陀の　御もよほしに　あづかりて、念仏　まうし　さふらふ　ひとを、わが弟子と　まうす　こと、きはめたる　荒涼《くわうりやう》の　こと　なり。

③つくべき　縁あれば　ともない、はなるべき　縁あれば　はなる、ことのあるをも、師を　そむきて、ひとに　つれて　念仏すれば　往生すべからざる　ものなり、なんど、いふこと　不可説なり。如来より　たまはりたる　信心を、わがものがほに　とりかへさんと　まうす　にや。返々《かへすぐ》も　あるべからざる　ことなり。

④自然《じねん》の理《ことはり》に　あひかなはゞ　仏恩をも　しり、また　師の恩をも　しるべきなり。」と

云々

①**専修念仏**―一筋に弥陀の本願に帰依して念仏すること。他力の念仏。　**我弟子……**―弟子の奪いあい。
もてのほか―思いもよらないこと。
②**もよほし**―うながすこと。手まわし。　**荒涼**―とんでもないこと。途方もないこと（鎌倉時代に、一般

の会話に用いられていた語で「荒量」とも書く)。

③つくべき縁—つき従うべき因縁。　師をそむき—師から離れ。　ひとにつれて—他の人に従って。

不可説—言うべからざること。言語道断。

④自然の理—他力の道理。自然は、おのずからしからしむること。凡夫自力のはからいではなく、全くの弥陀の本願力をいう。　あひかなはゞ—本願他力の趣旨に適合するならば。他力の信心を得るならば、仏恩・師恩をも、おのずから知るはずである。

【第七章】

①一「念仏者は《ねむぶちはゝ》　無礙《むげ》の　一道なり。

②そのいはれ　いかんとならば、信心の　行者には、天神地祇も　敬伏《きやうぶく》し、魔界　外道《ぐゑだう》も　障礙《しやうげ》することなし。罪悪も　業報を　感ずること　あたはず。諸善も　およぶ　こと　なき　ゆへに　無礙の　一道なり。」と云々

①念仏者は—「ねんぶつは」と読む。「念仏というものは」の意で、「は」は「者」を「は」と読むという意

味で添えた送り仮名。このような書き方は漢文の訓読から生じたもので、たとえば、教行信証の行巻の初めに「謹按《テズルニ》二 往相廻向《ヲ》一、有《リ》二大行一、有二大信一。大行者《ハ》則称《スルナリ》二 無礙光如来名《ノミナヲ》一…然《ニ》斯《ノ》行者《ハ》出《タリ》二於《ヨリ》 大悲《ノ》願一…」とある。「大行者《ハ》」は「大行といふは」、「斯《ノ》行者《ハ》」は「この行は」と読むのであって、「大行者《だいぎようじや》は」「この行者《ぎようじや》は」と読むのではない。このような場合の「者」は「説文」に「別レ事詞也」とあるとおり、これはこれ、あれはあれと区別をして、それを取り出す意味をもつ助字であって、「ひと」の意ではなく、国語の助詞「は」と似た意味をもっている。平安朝や鎌倉時代では、「何々者は」と書いて、「何々は」と読む例がある。

無礙の一道—何ものにも妨げられない大道。

②**魔界**—悪魔。界は世界。悪魔の世界にいる者、すなわち悪魔。**外道**—異教徒。仏教以外の教えを奉じて仏教の妨げをする者。**罪悪も…**—罪悪もその当然の結果（業報）を引き起こすことができない。**諸善も…**—諸の「善」も、念仏によって得るごとき尊い結果をもたらすことはない。

【第八章】

①一 「念仏は、行者《ぎやうじや》の ために* 非行非善なり。

②我《わが》 はからひにて 行ずるに あらざれば、非行《ひぎやう》といふ。我《わが》 はからひにて つくる 善にもあらざれば、非善と いふ。ひとへに、他力にして 自力を はなれたる ゆへ

に、行者の　ためには、非行非善なり。」と云々

①**行者のために**—念仏に帰依する人にとって。「に」は蓮如上人本などによって補う。底本にはない。

非行非善—「行」でもなく「善」でもない（念仏を称えることは、本来、すぐれた「行」であり「善」であるが、本願他力に帰依して念仏する人にとっては、往生は本願を信ずる一念に決定し、念仏は自然に感謝の心から称えられるのである。念仏は自分の意志によって称えるのではなく、念仏した功によって往生するのではない）。

【第九章】

①一「念仏　まうし　さふらへども、踊躍歓喜《ゆやくくわんぎ》の　心　おろそかに　さふらふこと、また　いそぎ　浄土へ　まいりたき　こゝろの　さふらはぬは、いかにと　さふらふべき　ことにて　さふらふやらん」と　まうしいれて　さふらひしかば、

②「親鸞も　この　不審ありつるに、唯円房　おなじ　こゝろにて　ありけり。

③よく〳〵　案じみれば、天に　おどり　地に　をどるほどに　よろこぶ　べき　ことを

よろこばぬにて、いよ〳〵 往生は 一定《ぢやう》と おもひ たまふ べきなり。よろこぶべき こゝろを おさえて、よろこばせ ざるは、煩悩の 所為《しよゐ》 なり。しかるに、仏かねて しろしめして、煩悩具足の 凡夫と おほせられ たる こと なれば、他力の 悲願は かくのごときの＊＊ われらが ため なりけり と しられて、いよ〳〵 たのもしく おぼゆるなり。

④また 浄土へ いそぎ まいりたき 心の なくて、いさゝか 所労《しよらう》のことも あれば、死なんずるやらんと、こゝろぼそく おぼゆる ことも、煩悩の 所為なり。久遠劫《くおんごふ》より いまゝで 流転《るてん》せる 苦悩の 旧里《きうり》は すて がたく、いまだ むまれざる 安養の 浄土は こひしからず さふらふこと、まことに よく〳〵 煩悩の 興盛《ごうじやう》に さふらふに こそ。なごりをしく おもへども、娑婆《しやば》の縁 つきて、ちから なくして をはるときに、かの 土《ど》へは まいるべきなり。

⑤いそぎ まいりたき こころ なきものを、ことに あはれみ たまふなり。これにつ

けてこそ、いよ〱 大悲大願は たのもしく、往生は 決定《くゑちぢやう》と 存じ さふらへ。踊躍歓喜の 心も あり、いそぎ 浄土へも まいりたく さふらはんには、煩悩の なきやらんと あやしく さふらひなまし。」と云々

①**踊躍歓喜**―おどりあがってよろこぶこと。 **おろそかに**―稀薄で。ゆるやかで。 **いかにと…**―なんとしたことでございましょうか。

②**唯円房**―唯円房よ、そなたも、私と同じ気持ちでありましたね。唯円房は親鸞聖人の弟子。常陸の河和田（今の茨城県水戸市河和田町）の人、歎異抄の著者と推定せられている。

③**煩悩の所為**―煩悩（→一②・三⑤）のしわざ。煩悩は意のままにならないものであるから、客体的なもののような言い方をする。 **仏かねて…**―阿弥陀仏は、凡夫は煩悩具足のものと、前もってご承知で。**煩悩具足の凡夫と**―煩悩具足の凡夫よ（阿弥陀仏からの呼びかけ）と。 **かくのごときの**―このような（煩悩具足の）。「ごときの」は三舟文庫本、元禄刊本、歎異抄私記などによる。底本「ごとし」。 **おぼゆ**―思われる。

④**所労**―病気。 **死なんずるやらん**―死ぬのであろうか。 **久遠劫**―久遠劫の昔。劫はインドで時間を表わす最大の単位。数字では表わせないのでいろいろの譬えで表わしている。芥子《けし》の実で表わす譬えでは、四十里立体の倉庫に芥子の実を一ぱい入れて、三年に一粒ずつ取り出して、その芥子の実が全部なくなる

時間、という。　**流転**―流転生死。生死輪廻。いろいろの世界のいろいろの生物に生まれかわり死にかわりして、迷いの世界である六道（→五②）を迷いめぐること。　**興盛**……―強く盛んであるからでありましょう。「さふらふにこそ」は「候にこそあれ」。　**娑婆**―我々の住んでいるこの世界。　**ちからなくして**―致しかたもなくて。

⑤**いそぎ**……―早く浄土へまいりたいという心もない者（煩悩が強くて、そのような心を起こすことのできない者）。　**大悲大願**―大慈悲の願。　**煩悩のなき**……―煩悩がないのであろうかと（阿弥陀仏の救済の目標とせられる者ではないのであろうかと）。　**あやしく**……―いぶかしく思われることでしょう。「な」は完了の助動詞「ぬ」の未然形で、意味を強めるために加えた。「まし」は現在の事実とは反対のことを想像する意を表わす助動詞。

【第一〇章】

①一「念仏には　無義《むぎ》をもて　義*とす。不可称不可説不可思議の　ゆへに。」と　おほせさふらひき。

①**念仏には**……―念仏に対しては、凡夫のはからいを加えないのをもって本義とする。なぜかと言うと、「念仏」は絶対のものであって、相対界にいる凡夫の思考や言語から遠く隔絶したものであるからである。

無義をもて義とす——このことばは正像末和讃に「他力不思議にいりぬれば、義なきを義とすと信知して」とあり、聖人の消息には幾度となく「義なきを義とす」という形が出てくる。そして聖人は「義といふは、はからふ心なり」、「義といふは、はからふことばなり」と説明するのが普通である。ところで注意しなければならないことは、㈠「はからふ」という意味は「義なし（無義）」の「義」のみに関するもので、「義とす」の「義」には関係がないこと、㈡この語は「他力には義なきを義とす」、「念仏には無義をもて義とす」などとあるのによって明らかなように、「他力」、「念仏」に対する信者の態度を規定しているのであることである。末燈鈔第二通に「第一八の念仏往生の本願を信楽するを他力と申なり。如来の御ちかひなれば、他力には義なきを義をすと（法然）聖人のおほせごとにてありき。義ということは、はからうことばなり。行者のはからひは自力なれば義といふなり。他力は本願を信楽して往生必定なるゆへに、さらに義なしとなり」とあるのによって明らかである。　**義とす**——本義とする。「義」は永正本などによる。底本は「儀」。　**不可称……**——念仏は不可称不可説不可思議のゆえに。称は称量（はかる）とも称揚（ほめる）とも解する。はかる（ほめる）ことも、説くことも、思議することもできない。我々の言語・思考の及ばないものであるからである。

②そも〳〵、かの御在生《ございしやう》の　むかし、おなじ　こゝろざしにして、あゆびを　遼遠《れうおん》の　洛《らく》陽《やう》に　はげまし、信を一《ひとつ》にして、心を　当来の　報土に　かけし　ともがらは、*同時に

御意趣を　うけたまはりしかども、そのひと〴〵に　ともないて　念仏　まうさるる老若《らうにやく》、そのかずを　しらず　おはしますなかに、上人の　おほせに　あらざる　異義*どもを、　近来は　お丶く　おほせられあふて　さふらふよし、つたへ　うけたまはる。いはれなき　条々の　子細のこと。

②**そも〴〵……**―この文は、古写本でも古板本でも、前の第一〇章の文に続けているが、内容から見れば、明らかに次の第一一章から第一八章についての序文であるから、今は第一一章の方に続けることにした。
かの御在生―あの親鸞聖人の御在世。　**あゆび……**―関東から、遠い都まで苦労して上がって来て。「あゆび」は「あゆみ（歩）」。　**当来の報土**―未来の浄土。　**異義**―義は蓮如上人本、永正本などによる。底本は儀。（監修者注：一〇②注は、原本では一一①注の前につけられていたが、復刊に際し当該位置に移動させた）

【第一一章】

①一「一文不通《もんふつう》の　ともがらの、念仏　まうすに　あふて、「なんぢは　誓願不思議を信じて　念仏まうすか*、また　名号不思議を　信ずるか」と　いひおどろかして、ふた

つの　不思議の　子細をも　分明にいゝひらかずして、ひとの　こゝろを　まどはすこと、この条、かへす〳〵も　こゝろを　とゞめて、おもひわくべき　ことなり。

②誓願の　不思議に　よりて、たもちやすく　となへやすき　名号を　案じいだし　たまひて、この名字《みやうじ》を　となへんものを　むかへ　とらんと　御やくそく　ある　こと　なれば、まづ　弥陀の　大悲大願の　不思議に　たすけられ　まいらせて、生死《しやうじ》を　いづべしと　信じて、念仏の　まうさるるも　如来の御はからひなりと　おもへば、すこしも　みづからの　はからひ　まじはらざるがゆへに、本願に　相応《さうおう》して　実報土に　往生する　なり。これは　誓願の不思議を　むねと　信じたてまつれば、名号の不思議も具足《ぐそく》して、誓願・名号の不思議　一《ひとつ》にして　さらに　ことなること　なきなり。

③つぎに、みづからの　はからひを　さしはさみて、善悪の二《ふたつ》につきて、往生の　たすけさはり　二様《ふたやう》に　おもへば、誓願の不思議をば　たのまずして、わがこゝろに　往生の業を　はげみて　まうす　ところの　念仏をも　自行《じぎやう》に　なすなり。このひとは、

名号の不思議をも　また　信ぜざる　なり。

④信ぜ　ざれども、辺地《へんぢ》・懈慢《けまん》・疑城《ぎじやう》・胎宮《たいぐ》にも　往生して、果遂《くわすい》の願の　ゆへに、ついに＊　報土に生ずるは、名号不思議の力なり。これすなはち、誓願不思議の　ゆへなれば、たゞ　一《ひとつ》なるべし。

①**一文不通**―一文字も知らないこと。無学文盲。この章は弥陀の本願と念仏との関係を明らかにする。　**いひおどろかして**―言っておどす（「それを知らないのなら往生はできない」などという）。

②**たもちやすく**―三舟文庫本歎異鈔、歎異抄私記、首書歎異抄による。底本は「やすくたもち」。「たもつ」は守り保って失わないこと。　**名字**―名号。名。仏の方から言えば「阿弥陀仏」、衆生の方から言えば「南無阿弥陀仏」。　**御やくそく**―第十八願に「十方の衆生、至心に信楽《しんぎょう》して、我が国に生まれんと欲《おも》いて、乃至十念せん。若し生まれずば正覚を取らじ」（大無量寿経）とあるのを指す。　**生死をいづ**―生死の世界から離脱する。生死→二⑤。　**本願に相応し**―本願のおぼしめしにかない。　**実報土**―真実報土（方便化土に対する）。　**むねと**―中心に。専一に。　**具足して**―そなわって。

③**善悪の二につきて…**―善は「往生のたすけ」、悪は「往生のさはり（障害）」と、善悪を二種類のものと思うと（本願を信ずる者は、善をも必要とせず、悪をも恐れない→一②）。　**自行**―自力の行。　**名号の不思議…**―本願を信じない人は、名号も信じないのである。

④**信ぜざれども**――「信ぜざれども念仏すれば」の意。　**辺地・懈慢…**――方便化土（真実報土に対する）を譬喩などによって表わした語。辺地は浄土の片ほとり、懈慢界は懈怠憍慢の人の往く所、疑城は本願を疑った者の往く所、胎宮は浄土へ往っても、ある期間その果報をうけることのできない境遇。　**果遂の願**――四十八願の中の第二十願。自力念仏の者をも他力念仏に転向させて、真実報土へ必ず往生させるという願。願文中に「不果遂者」という語があるので、果遂の願という。

【第一二章】

①一　「経釈《きやうしやく》を読《よみ》　学《がく》せざる　ともがら　往生不定《ふぢやう》のよしのこと。

②この条、すこぶる　不足言の　義と　いひつべし。他力真実の　むねを　あかせる　もろ〳〵の　聖教は、本願を　信じ　念仏を　まうさば　仏になる、そのほか　なにの学問かは　往生の　要　なるべきや。まことに、このことはりに　まよへらん　ひとは、いかにも〳〵　学問して、本願の　旨《むね》を　しるべきなり。経釈を　よみ　学すと　いへども、聖教の　本意を　こゝろえざる　条、もちとも　不便《ふびん》の　ことなり。

③一文不通《もんふつう》にして　経釈の　ゆくぢも　しらざらん　ひとの、となへ　やすからん　ための

名号に　おはします　ゆへに、易行《いぎやう》と　いふ。学問を　むねと　するは　聖道門なり。難行《なんぎやう》と　なづく。あやまて　学問して　名聞利養《みやうもんりやう》の　おもひに　住する　ひと、順次《じゆんじ》の往生　いかゞ　あらんずらんと　いふ　証文も　さふらふぞかし***。

④当時、専修念仏の　ひとゝ、聖道門の　ひと、諍論《じやうろん》を　企《くわだて》、「我宗《わがしゆ》こそ　すぐれたれ、ひとの宗は　おとりなり」と　いふほどに、法敵も　いできたり、謗法《はうぼふ》も　おこる。これしかしながら　みづから　わが法を　破謗するに　あらずや。

⑤たとひ、諸門　こぞりて「念仏は　かひなき　ひとの　ため　なり。その宗　あさし、賤《いや》し」と　いふとも、さらに　あらそはずして「われらがごとく下根《げこん》の凡夫《ぼんぷ》　一文不通の　ものゝ、信ずれば　たすかる　よし　うけたまはりて　信じ　さふらへば、さらに上根《じやうこん》の　ひとの　ためには　いやしくとも、われらが　ためには　最上の法にて　まします。たとひ　自余の　教法は*　すぐれたりとも、みづからが　ためには　器量　およばざれば　つとめがたし。われも　ひとも、生死を　はなれんことこそ　諸仏の　御本

意にて　おはしませば、御さまたげ　あるべからず」とて　にくひ気《げ》せずは、たれの人ありて　あたを　なすべきや。

⑥かつは　諍論の　ところには　諸の　煩悩　おこる。智者　遠離《おんり》すべきよしの　証文さふらふにこそ。

⑦故上人の仰には「この法をば　信ずる　衆生もあり、そしる　衆生も　あるべしと仏　ときをかせ　たまひたる　事なれば、我は　すでに　信じたてまつる。また、ひとありて　そしるにて、仏説　まことなりけりと　しられ　さふらふ。しかれば　往生はいよ〳〵　一定と　おもひ　たまふ　べきなり。あやまりて　そしるひとの　さふらはざらんにこそ、いかに　信ずる人は　あれども、そしる人の　なきやらんとも　おぼゑさふらひぬべけれ。かく　まうせばとて、かならず　ひとに　そしられんとには　あらず。仏の　かねて　信謗　ともに　あるべきむねを　しろしめして、ひとの　うたがひを　あらせじと、とき　をかせ　たまふことを　まうすなり」とこそ、さふらひしか。

⑧いまの世には　学文《もん》して　ひとの　そしりを　やめ、ひとへに　論議問答を*　むねとせんと　かまへられ　さふらふにや。学文せばいよ〱　如来の　御本意を　しり、悲願の　広大の　むねをも　存知して、いやしからん　身にて　往生は　いかゞなんどと　あやぶまん　人にも、本願には　善悪浄穢なき　趣をも　説《とき》きかせられ　さふらはゞこそ　学生《がくしやう》の　かひにても*　さふらはめ。たまたま　なにごゝろも　なく、本願に　相応して　念仏する　人をも、学文してこそ　なんどゝ　いひをどさるゝこと、法の　魔障なり。仏の　怨敵なり。みづから　他力の信心　かくるのみならず、あやまて　他をまよはさんとす。つゝしんで　おそるべし、先師の　御こゝろに　そむくことを。兼て　哀むべし、弥陀の本願に　あらざることを。と云々

①**経釈を……**――この章は無学では往生ができるか否か分からない、という説に対する批判。

②**不足言**――言うにたらぬこと。　**もろ〱の聖教は……**――多くの聖教は、本願を信じ、念仏を申さば、仏になる、と説けり、の意。　**学問かは……**――「か」は疑問の助詞で反語になる。「は」は詠嘆の助詞。「や」

も詠嘆の助詞。なくても意味に変わりはない。　**ことはり**—道理。　**まよへらんひと**—迷っている人。「ら」は完了の助詞「り」の未然形。　**学すといへども**—「学すといふとも」の意。学問をしても。

③**ゆくぢ**—筋みち。　**易行**↓序①。　**あやまて**—誤って。　**名聞利養のおもひ**—名誉欲、財欲。**順次の往生**—この次の生に浄土へ生まれるかどうか疑わしい。ここの証文は末燈鈔第六通の消息を指すのであろう。順次は順次生。今の一生が終わって、次に受ける生。「さふらふぞかし」は三舟文庫本歎異鈔、歎異抄私記などによる。底本「さふらふべきや」。

④**諍論**—論争。争い。　**おとりなり**—劣等である。　**法敵**—宗教上の敵。　**謗法**—正しい教法を非難する。誹謗正法。　**しかしながら**—さながら。そのまま。

⑤**その宗あさし、賤し**—その宗旨の教えは浅薄である、低級である。　**下根**—能力の劣った者（上根の反対。根は根機、教えを受ける者としての能力、資質）。　**さらに**—一向に。「いやし」を修飾する。**教法は**—「は」は永正本による。底本にはない。　**器量**—能力。　**われもひとも……**—お互いに迷を離れて覚りを得るのこそ諸仏のご本意であられます。念仏の教えは、たとえ浅薄であっても、私はこれによって成仏するのであるから、妨害をなさるべきではありません。　**にくひ気せずは**—にくらしい様子をしないならば。　**あた**—妨害。敵対。

⑥**かつは**—その上また。　**智者遠離すべき**—智慧のある者は、争いの場から遠ざかるべきである（往生要集に宝積経の文を引いてこのことが記してある）。

⑦**故上人**—親鸞聖人を指す。　**そしる衆生もあるべし……**—観仏三昧経、蓮華面経などに記されている。

あやまりて―ひょっとして。　**いかに信ずる人はあれども**―「いかに」は「なきやらん」にかかる。信ずる人はあるけれども、そしる人がどうしてないのだろう。

信仰する者と誹謗する者と、ともにあるであろうことをご承知になって。　**仏のかねて…**―仏（釈尊）が前もって、

⑧**学文**―学問。　**問答を**―「を」は三舟文庫本歎異鈔、元禄刊本などによる。底本になし。　**いやしからん身にて…**―自分のような罪悪（→三①善人）に穢れた身で往生はできるだろうか。　**善悪浄穢なき**―善人・悪人・罪の穢れのない人・罪に穢れた人の差別がない。　**学生のかひにても**―「も」は永正本などによる。底本になし。学生は学匠、学者。　**なにごゝろもなく**―深く考慮するということもなく。小ざかしいはからいを離れて。　**本願に相応し**―本願のおぼしめしに従って。　**法の魔障**―仏法にとっての悪魔。魔障は魔縁などと同じく悪魔の意。

【第一三章】

①一　弥陀の本願　不思議に　おはしませばとて、悪を　おそれざるは、*また　本願ぼこりとて、往生かなふべからずと　いふこと。

②この条、本願を疑《うたがふ》、善悪の　宿業を　こゝろゑ　ざるなり。よきこゝろの　おこるも

宿善の　もよほす　ゆへなり。悪事《あしき》の　おもはれ　せらるゝも、悪業の　はからふ　ゆへなり。故上人の　仰には「卯毛羊毛《うのけひつじのけ》の　さきにゐる　ちりばかりも、つくるつみの宿業に　あらずと　いふこと　なしと　しるべし」と　さふらひき。

③また　あるとき「唯円房は　わが　いふことをば　信ずるか」と　おほせの　さふらひしあひだ、「さんさふらふ」と　まうし　さふらひしかば、「さらば　いはんこと　たがふまじきか」と　重《かさね》て　おほせの　さふらひしあひだ、つゝしんで　領状まうして　さふらひしかば、「たとへば、ひとを　千人　ころしてんや。しからば　往生は　一定すべし」と　おほせ　さふらひしとき、「おほせにて　さふらへども、一人も　この身の器量にては　ころしつべしとも　おぼゑず　さふらふ」と　まうして　さふらひしかば、「さてはいかに　親鸞が　いふことを　たがふまじき　とは　いふぞ」と。「これにてしるべし。なにごとも　こゝろに　まかせたる　ことならば、往生の　ために　千人ころせ　といはんに、すなはち　ころすべし。しかれども　一人にても　かなひぬべき

業縁　なきによりて　害せざるなり。わが心の　よくて　ころさぬには　あらず。また害せじと　おもふとも、百人　千人を　ころすことも　あるべし」と　おほせの　さふらひしは、我等が　心の　よきをば　よしとおもひ、悪きことをば悪《あし》と思《おもひ》て、願の　不思議にて　たすけ　たまふと　いふことを　しらざることを　おほせの　さふらひしなり。

④そのかみ　邪見に　おちたる　人あて　悪をつくりたる　ものを　たすけんといふ　願にて　ましませばとて、わざと　このみて　悪を　つくりて*往生の業と　すべき　よしを　いひて、やう〳〵に　あしざまなることの　きこゑ　さふらひしとき、御消息に「くすり　あればとて　毒を　このむ　べからず」と　あそばされて　さふらふは、かの邪執を　やめんが　ためなり。またく　悪は　往生の　さはりたる　べし　とには　あらず。

⑤「持戒持律にてのみ　本願を　信ずべくは、我等　いかでか　生死を　はなるべきや」

と。か丶る　あさましき　身も、本願に　あひたてまつりてこそ、げにほこられ　さふらへ。されば　とて　身に　そなへざらん　悪業は、よもつくられ　さふらはじものを。

⑥また「うみかはに　あみを　ひき　つりをして　世を　わたるものも、野やまに　しゝを　かり　鳥を　とりて　いのちを　つぐ　ともがらも、あきなひをもし　田畠《でんぱく》を　つくりて　すぐる人も　たゞ　をなじことなり」と。「さるべき　業縁の　もよほせば　いかなる　ふるまひも　すべし」と　こそ、聖人は　おほせ　さふらひしに、当時は　後世《ごせ》者《しや》ぶりして　よからんものばかり　念仏　まうすべき　やうに、あるひは　道場に　はりぶみを　して、なむ〳〵のこと　したらんものをば　道場へ　いる　べからず、なんどと　いふこと、ひとへに　賢善精進《しやうじん》の　相《さう》を　ほかに　しめして、うちには　虚仮《こけ》を　いだけるものか。

⑦願にほこりて　つくらん　つみも　宿業の　もよほす　ゆへなり。されば　善《よき》ことも　悪《あしき》ことも、業報に　さしまかせて　ひとへに　本願を　たのみ　まいらすればこそ、他

力にては　さふらへ。唯信抄にも「弥陀　いかばかりの　ちから　ましますと　しりてか、罪業の　身なれば　すくはれ　がたしと　おもふべき」と　さふらふぞかし。本願に　ほこる　こゝろの　あらんに　つけてこそ　他力を　たのむ　信心も　決定しぬべき　ことにて　さふらへ。

⑧おほよそ　悪業煩悩を　断じ　つくして　のち、本願を　信ぜんのみぞ、願に　ほこるおもひも　なくて　よかるべきに、煩悩を　断じなば　すなはち　仏になり、仏の　ためには　五劫思惟《しゆい》の願　その詮《せん》　なくや　ましまさん。

⑨本願ぼこりと　いましめらるゝ　ひと〴〵も、煩悩不浄　具足せられてこそ　さふらふげなれ。それは　願に　ほこらるゝに　あらずや。いかなる　悪を　本願ぼこりと　いふ。いかなる　悪か　ほこらぬにて　さふらふべきぞや。かへりて　こゝろ　をさなきことか。

①この章は「本願ぼこり」についての批判。　**おそれざるは**―「は」は蓮如上人本、永正本などによる。底本「を」。　**本願ぼこり**―弥陀の本願につけ上がる。本願に甘える。

②**本願を疑**―本願を疑うものであり。　**宿善**―善き宿業。宿は旧、素の意。善き結果をもたらすべき原因として、以前に作られた善業。　**おもはれせらる**―考えが起こる。　**卯毛羊毛…**―卯は兎。兎の毛や羊の毛の先についている塵ほどのわずかなことでも宿業の結果でないものはない。どんな微細なことでも原因がなくて生じることはない。卯毛羊毛の先についている塵はきわめて小さいものの譬え。「うのけひつじのけ」の読みは龍谷大学本による。底本「うもうようもう」。

③**さんさふらふ**―然《さ》に候。さようでございます。　**領状**―承知。了承。　**たとへば**―まず（ものに譬えて言うと、の意ではない。発端の語で、鎌倉、室町頃に広く用いられていた語である）。　**ころしてんや**―殺してくれないか。「て」は意味を強めるために加えた助動詞で、「殺さんや」の意。「ん」は意志を表わす。「や」は疑問の助詞であるが、ここは軽く念を押す意で添えた。　**器量**―腕まえ。能力。　**ころしつべし**―殺せるだろう。「つ」は完了の助動詞で、語調を強めるために加えた。　**たがふまじき…**―違反しないであろう…。「いふぞ」の次に「仰せられ、さらに語を継ぎて」というような語を補ってみる。　**こゝろにまかせたる**―思うとおりにできる。　**かなひぬべき**―「かなふべき」を強めるために、完了の助動詞「ぬ」を挿入した。　**我等が心のよきをば…**―心の善いのを「善い」、これならば往生ができる。悪いのを「悪い」、これでは往生はできない、と自分で勝手に判断する。

④**人あて**―人があって。　**悪をつくりて…**―「悪」を作って、それによって往生するのだ、と言って。

「つくりて」の「て」は永正本などによる。底本にはない。　**きこゑ**―評判。うわさ。　**御消息**―末燈鈔に「くすりあり、毒をこのめと候らんことは、あるべくも候はず」とある。　**またく**―全く。決して。「あらず」を修飾する。

⑤**持戒持律**―戒律を持《たも》つ。仏教の禁戒を守る。「持戒…生死をはなるべきや」は聖人の言葉と見て、下に「と仰せられ候」と補って解釈する。　**身にそなへざらん悪業**―その因縁を我が身にそなえていない悪業。　**よも**―まさか。下に否定の語がくる。

⑥**しゝ**―獣類の総称。　**いのちをつぐ**―生活をする。　**当時**―ただ今。この頃。　**後世者ぶり**―後世菩提を願う人のごとき様子。外面だけ殊勝な仏教徒のようにふるまうこと。　**はりぶみ**―禁止事項などを書いた掲示。　**いるべからず**―上の「…をば」に対して「入れてはならない」と解する（「を」がなければ「はいってはならない」の意になる）。　**賢善精進の相**―立派な仏弟子のごとき様子。賢善は賢明に善を行なうこと。精進は一心に仏道をはげむこと。　**いだけるものか**―抱いているのか、と思う。

⑦**善ことも悪ことも…**―③の「なにごともこゝろにまかせたることならば…」の聖人の御言葉と同意である（誤解すると、造悪無礙の説のごとく聞こえるであろう）。　**唯信抄**―親鸞聖人の畏友聖覚法印の著で、聖人はこの書を門下の人々に推奨せられ、自らその註釈（唯信鈔文意）も書いておられる。

⑧**仏のためには**―阿弥陀仏にとっては（本願にほこるのは、いいことではないが、これを止めようとすれば、煩悩を断じ尽くさなければならない。しかし、もし煩悩を断じ尽くすならば、すでに仏になってしまうのであって、煩悩具足の凡夫を救うために立てられた本願は、無用のものになられるのでしょうよ）。

五劫思惟の願―阿弥陀仏の本願。弥陀はこの願を立てられるにあたって五劫（→九④久遠劫）の間思考せられた。　**詮**―しるし。効能。

⑨**さふらふげなれ**―「げ」は様子、有様。候ようである。　**いかなる悪か**―どんな悪が本願につけ上がらないのでしょうか（そういう悪はないであろう）。　**かへりて……**―「本願ぼこり」をいましめるのは、かえって浅い考えでしょう。「ことか」は「ことかと思う」。

【第一四章】

①一「一念に　八十億劫の　重罪を　滅すと　信ずべし」と　いふこと。この条は　十悪五逆の　罪人　日ごろ　念仏をまうさずして、命終のとき、はじめて　善知識の　おしへにて、一念まうせば　八十億劫の　つみを　滅し、十念まうせば　十八十億劫の　重罪を　滅して　往生すと　いへり。これは　十悪　五逆の　軽重《きやうぢう》を　しらせんが　ために　一念　十念と　いへるか、滅罪の　利益《りやく》なり。いまだ　われらが　信ずる　ところに　をよばず。

②そのゆへは、弥陀の　光明に　てらされ　まいらする　ゆへに、一念発起《ほちき》するとき　金剛の信心を　たまはりぬれば、すでに　定聚《じやうじゆ》の　くらゐに　をさめしめ　たまひて、命終すれば　もろもろの　煩悩悪障を　転じて、無生忍《むしやうにん》を　さとらしめ　たまふなり。この悲願　ましまさずは、かゝる　あさましき　罪人　いかでか　生死を　解脱《げだち》すべきとおもひて、一生のあひだ　まうすところの　念仏は　みな　ことゞく　如来大悲の恩を報じ　徳を謝すと　思《おもふ》べきなり。

③念仏まうさんごとに、つみを　ほろぼさんと　信ぜんは、すでに　われとつみを　けして　往生せんと　はげむにてこそ　さふらふなれ。もし　しからば、一生のあひだ　おもひとおもふこと、みな　生死の　きづなに　あらざること　なければ、いのちつきんまで　念仏　退転せずして　往生すべし。たゞし　業報　かぎりあること　なれば、いかなる　不思議の　ことにも　あひ、また　病悩　苦痛　*せめて　正念《しやうねん》に　住せずしてをはらん、念仏まうすこと　かたし。そのあひだの　つみをば　いかゞして　滅すべき

や。つみ　きゑざれば　往生は　かなふべからざるか。
④摂取不捨の願を　たのみたてまつらば、いかなる　不思議　ありて　罪業を　おかし、念仏せずして　をはるとも、すみやかに　往生を　とぐべし。また　念仏の　まうされんも、たゞいま　さとりを　ひらかんずる期《ご》の　ちかづくに　したがひても、いよいよ弥陀を　たのみ、御恩を　報じたてまつるにてこそ　さふらはめ。
⑤つみを　滅せんと　おもはんは　自力の　こゝろにして、臨終正念と　いのる　ひとの本意なれば、他力の　信心　なきにて　さふらふなり。

①この章は、念仏の功徳によって往生するという思想を批判する。　**一念**―一声の念仏。命が終わろうとする時に称える一声の念仏によって、八十億劫（→九④久遠劫）の間、迷いの世界で苦しまなければならない重罪が消えるということは、観無量寿経に見えている。　**十悪五逆**―最も重い罪業。十悪は殺生・偸盗・邪淫・妄語・両舌・悪口・綺語・貪欲・瞋恚・愚癡。五逆は殺父・殺母・殺阿羅漢・出仏身血・破和合僧。ただし経論によって少しく異なることがある。　**十八十億劫**―十の八十億劫。「とおはちじゅ

うおくこう」と読む。　**これは十悪五逆の……**―この説は十悪五逆の罪の重さを知らせるために、一念乃至十念と言ったのかと思う。「軽重」は重の意。軽と重の意ではない（「多少にかかわらず」の「多少」は「少」の意。「一旦緩急あれば」の「緩急」は「急」の意であるのと同じ）。　**滅罪の利益なり**―要するに、この説は念仏の滅罪の利益を言うのである。

②**一念発起する**―一たび弥陀の本願に帰依しようという心が起こる。　**金剛の信心**―何ものにも破られない他力の信心。金剛は金剛石。最も堅いものの譬えで、何ものにも破られず、何ものをも破るものとせられている。　**定聚**―正定聚。正しく往生することに定まった人々（邪定聚・不定聚に対する）。　**無生忍**―無生法忍。無生無滅の真理に安住すること。最高の覚り。　**悲願**―慈悲の願。　**恩を報じ……**―恩恵を感謝する。他力信心の人の念仏は感謝である。

③**おもひとおもふこと**―思うことはみな。　**生死のきづな**―迷いの世界に結び付ける縄。「きづな」は牛馬をつないでおく縄。　**退転**―移り変わり衰えること。　**業報かぎりある……**―すでに造った業の報いには限度があることであるから（善根功徳によって消すことのできないものもあるから）。　**不思議の……**―思いもよらないことにも出あい。　**病悩苦痛せめて**―病の悩みや苦しみが身をせめて。底本「病悩苦痛をせめて」、いま真宗法要本による（三舟文庫本「病悩苦痛にせめられて」）。　**正念**―妄念を払い捨てて一心に往生を願うこと。

④**さとりをひらかんずる期**―覚りを開く時。

⑤**臨終正念……**―最後の時に正念に住して念仏し、もって往生しようと祈る。　**他力の信心なきにて……**―他

力の信心がないのである（自力の信心である）。

【第一五章】

①一　煩悩具足の　身をもて　すでに　さとりをひらくと　いふこと。この条、もてのほかの　ことに　さふらふ。

②即身成仏《そくしんじやうぶち》は　真言秘《ひ》教《けう》の本意　三密行業《ぎやうごふ》の　証果なり。六根清浄は　また　法花一乗の所説、四安楽の　行《ぎやう》の　感徳なり。これ　みな　難行上根《じやうこん》のつとめ、観念成就の　さとりなり。来生の　開覚は　他力浄土の宗旨　信心決定の道なるが　ゆへなり。これまた易行下《いぎやうげ》根《こん》の　つとめ、不簡《ふけん》善悪の　法なり。

③おほよそ　今生に　をいては　煩悩悪障を　断ぜんこと、きはめて　ありがたき　あひだ、真言・法花を　行ずる　浄侶、なをもて　順次生の　さとりを　いのる。いかにいはんや。戒行恵《かいぎやうえ》解《げ》　ともになしと　いへども　弥陀の　願船に　乗じて、生死の　苦

海を　わたり、報土の岸に　つきぬる　ものならば、煩悩の黒雲　はやく　はれ、法性の覚月　すみやかに　あらはれて、尽十方の　無礙の光明に　一味にして、一切衆生を利益《りやく》せん　ときにこそ　覚《さとり》にては　さふらへ。

④この身をもて　さとりを　ひらくと　さふらふなる　ひとは、釈尊の　ごとく、種々の応化《おうぐゑ》の身をも　現じ、三十二相　八十随形好《ずいぎやうかう》をも　具足して、説法利益さふらふにや。これをこそ　今生に　さとりをひらく　本《ほん》とは　まうしさふらへ。

⑤和讃に　いはく「金剛堅固の信心の　さだまるときを　まちえてぞ　弥陀の心光　照護して　ながく　生死を　へだてける」とは　さふらへば、信心の　さだまるときに、ひ*とたび摂取して　すてたまはざれば、六道に　輪廻《りんゑ》すべからず。しかれば　ながく　生死をば　へだて　さふらふぞかし。かくのごとく　しるを、さとるとは　いひまぎらかすべきや。あはれに　さふらふをや。

⑥「浄土真宗には、今生に　本願を　信じて、かの土《ど》にして　覚《さとり》をば　ひらくと　ならひ

さふらふぞ」とこそ、故上人の　おほせには　さふらひしか。

①**煩悩具足の身をもて…**―この章は、信心を得た者は、この肉体のままですでに仏の覚りを開いたのだ、という説に対する批判。　**もてのほか**→六①。

②**即身成仏**―現在の肉体のままで直に仏になる（父母所生身、即証大覚位―菩提心論）。　**真言秘教**―真言宗の教え。大日如来の法身直説の教えであるから秘密教という。　**三密行業**―真言宗の修行。身密・語密（口密）・意密（心密）の三密の修行。身に印を結び、口に真言を唱え、心に本尊（大日如来）を観ずると、衆生の三密は仏の三密と相応し、仏に加持せられて仏果を得る。これが即身成仏。　**六根清浄**―六根清浄の行。眼耳鼻舌身意の六根の穢れを払って清浄にすると、それぞれ無礙自在を得る。　**法花一乗**―大乗法華（天台宗）。乗は乗り物。迷いの岸から覚りの岸へ乗ってゆくもの。教え。　**四安楽**―身口意の安楽行及び誓願安楽行。五濁の世に法華の妙法を修行する方法。　**感徳**―結果として感得する功徳。　**難行上根**―難行自力の修行をする上根の人（→一二⑤下根）。　**他力浄土の宗旨**―浄土教の本旨（→序②他力之宗旨）。　**不簡善悪**―善悪を差別しない。不簡は、えらばない（→一②老少善悪の人をえらばれず）。

③**浄侶**―聖僧達。　**いかにいはんや**―（我々が今生で覚りを開く、というようなことは）どうして言おうか、言えない。　**戒行恵解**―戒律をたもつ修行と、覚りの智恵による領解。　**願船**―弥陀の本願。弥

陀の本願は衆生を救って生死の海（迷いの世界）を渡るので船に譬える。　**法性の覚月**―仏の覚り。煩悩を雲に譬えるのに対して、覚りを月に譬える。法性は涅槃。不生不滅の覚り。　**尽十方の無礙の光明…**―阿弥陀仏と一体になり、十方の世界をことごとく照らして、何物にも妨げられない光明。光明は仏の智慧の象徴。　**一味**―同じおもむき。同体。

④**応化の身**―仏が相手を救うために、相手に応じて化現せられる身。　**三十二相**―仏身における三十二の大きな特徴。眉間の白毫、頂上の肉髻など。　**八十随形好**―仏身における、八十の付属的な特徴。音声が明朗であること、皮膚が清浄であることなど。　**本**―手本。模範。

⑤**金剛堅固の…**―親鸞聖人の高僧和讃の中にある。　**心光照護**―弥陀の大慈悲心から放たれる光明が、信心の人を摂《おさ》め護り給うこと。　**生死をへだつ**―迷いの世界から隔離して、再度迷いの世界に堕ちないようにする。　**ひとたび**―蓮如上人本、永正本などによる。底本は「一度」と書いて消してある（「ひとたび」と書き入れるつもりで忘れたのであろう）。　**あはれにさふらふをや**―そのように誤解しているのは、気の毒なことですよ。親鸞聖人は、他力の信心を得て正定聚に住するのを、弥勒に同じく、如来に等しと言われた（「便《チ》同《ジ》二弥勒《ニ》一」「信心歓喜者、與《ト》二諸如来《ノ》一等《シ》」の文による）。「ひとし」は「同じ」の意に用いることもあるが、近似する、類似するの意に用いることもある。「如来にひとし」の「ひとし」は後者の意である。菩薩の階位でも第五十一段を等覚（等正覚）という。仏の妙覚に等しいのであるが、同じではないのである。この言葉の使い方が誤解を招きやすかったようである。

【第一六章】

①一　信心の行者《ぎやうじや》　自然《じねん》に　はらをもたて、あしざまなる　ことをも　おかし、同朋同侶にも　あひて　口論をもしては　かならず　廻心《ゑしむ》すべしと　いふこと。

②この条、断悪修善の　こゝちか。一向専修の　ひとに　をひては　廻心と　いふことたゞ　ひとたび　あるべし。その廻心は　日ごろ　本願他力真宗を　しらざるひと、弥陀の　智慧を　たまはりて、日ごろの　こゝろにては　往生　かなふべからずと　おもひて、もとの　こゝろを　ひきかへて　本願を　たのみまいらするをこそ、廻心とはまうし　さふらへ。

③一切の事に　朝夕《あしたゆふべ》に　廻心して　往生を　とげ＊　さふらふべくば、人の　いのちは　いづるいき　いるいきを　またずして　をはること　なれば、廻心も　せず、柔和《にふわ》忍辱《にんにく》の思《おもひ》にも　住せざらんさきに　いのちつきば、摂取不捨の　誓願は　むなしく　ならせおはしますべきにや。

④口には　願力を　たのみ　たてまつると　いひて、心には　さこそ　悪人を　たすけんと　いふ　願　不思議に　ましますと　いふとも、さすが　よからん　ものをこそ　たすけ　たまはんずれと　おもふ　ほどに、願力をうたがひ、他力を　たのみまいらするこゝろかけて、辺地の　生《しやう》を　うけんこと、もとも　なげき　おもひ　たまふべき　ことなり。

⑤信心　さだまりなば、往生は　弥陀に　はからはれ　まいらせて　すること　なれば、我《わが》はからひ　なる　べからず。わろからんに　つけても、いよ〳〵　願力を　あをぎまいらせば、自然《じねん》の　ことはりにて　柔和忍辱の　こころも　いでくべし。

⑥すべて　よろづのことに　つけて、往生には　かしこき　おもひを　具せずして、たゞほれ〴〵と　弥陀の　御恩の　深重なること　つねは　おもひ　いだし　まいらすべし。しかれば　念仏も　まうされ　さふらふ。これ　自然なり。わが　はからはざるを　自然と　まうすなり。これ　すなわち　他力にて　まします。しかるを　自然といふこと

の　別に　あるやうに、われ　ものしりがほに　いふ　ひとの　さふらふよし　うけたまはる、あさましく　さふらふなり。

①この章は善くないことをした場合に、必ず廻心しなければならない、という説に対する批判。　**自然に**—ひょっとして。ふと（この章に、⑤「自然のことはり」、⑥「これ自然なり」「自然とまうすなり」「自然といふことの…」などたびたび「自然」という語が用いられているが、それらの「自然」と「自然にはからをもたて」の「自然」とは全く意味が違う）。　**同朋同侶**—仲間。　**廻心**—改心（親鸞聖人は、廻心という語を非常に重く見て、それは自力を捨てて他力に帰する場合にだけ用いられた。日常生活において、よくないことを言ったり、行なったりした場合、よくなかったと気がついて改めるのは当然なことであるが、それは「往生」とは関係のないことであり、またそれを「廻心」とは言わなかったのである）。

②**断悪修善**—悪を断ち捨てて善を修める。　**本願他力真宗**—本願他力の趣旨。　**弥陀の智慧をたまはりて**—他力の廻向をいただいて（自力を捨てて他力に帰する、ということは、人間の思慮判断ではできないことである。他力に帰することができたのは如来の御手まわしがあったからである）。

③**一切の事に…**—一切のことについて、朝に夕に廻心して、それによって往生をとげるのであるならば。「とげ」は蓮如上人本、永正本などによる。底本「とぐべく」。　**柔和忍辱**—おだやかで、侮辱や迫害に対しても耐え忍んで立腹しないこと。

④**さこそ**—そんなに。「不思議に」を修飾する。　**さすが**—そうは言っても。　**辺地**→一一④。

⑤**自然のことはり**―自然の道理。
⑥**かしこきおもひを具せずして**―小ざかしい考えを持たないで。　**ほれぐ〵と**―うっとりと。理屈を離れて。　**つねは**―いつもいつも。「は」は詠嘆の助詞。　**自然…他力…**―「自はおのづからといふ。行者のはからひにあらず。しからしむといふことばなり。然といふは、しからしむといふことば、行者のはからひにあらず。如来の御ちかひにてあるがゆへに」（末燈鈔五）。

【第一七章】

①一　辺地《へんぢ》の　往生を　とぐるひと、ついには　地獄に　をつべしと　いふこと。この条、いづれの　証文に　みえ　さふらふぞや。学生《がくしやう》だつる人の　中に　いひ　いださるゝことにて　さふらふなるこそ　あさましく　さふらへ。経論聖教をば　いかやうに　見なされて　さふらふらん。
②信心　かけたる　行者は、本願を　疑《うたがふ》によりて　辺地に　生じて　うたがひの　つみをつぐのひて　のち、報土の　さとりを　ひらくとこそ　うけたまはり　さふらへ。

③信心の　行者　すくなき　ゆへに、化土《くゑど》に　おほく　すゝめいれられ　さふらふを、ついに　むなしく　なるべしと　さふらふなるこそ、如来に　虚妄《こまう》を　まうしつけ　まいらせられ　さふらふなれ。

①この章は、辺地の往生をとげた人は、結局は地獄へ堕ちる、という説に対する批判。　**学生だつる人**―学者ぶった人。
③**化土**―辺地（↓一一④）。　**むなしくなる**―いたずらになる。無駄になる。　**虚妄**―うそ。

【第一八章】

①一　仏法の　**方《かた》に施入物《せにふもの》の　多少に　したがひて　大小仏に　なるべしと　いふこと。

この条、不可説なり〱。比興《ひけう》の　ことなり。

②まづ　仏に　大小の　分量を　さだむること、あるべからず　さふらふか*。かの　安養浄土の　教主の　御身量を　説《とかれ》て　さふらふも、それは　*方便法身《はうべんほふしん》の　かたちなり。

法性《ほふしやう》の　さとりを　ひらいて、長短方円の　形にも　あらず、青黄赤白黒の　色をもはなれなば、なにをもてか　大小を　さだむべきや。念仏　まうすに　化仏《くゑぶち》を　見たてまつると　いふことの　さふらふなるこそ、大念には　大仏を　み、小念には　小仏を見《みる》と　いへるが、もし　この　ことはり　なんどにばし　ひきかけられ　さふらふやらん。かつは　また　檀波羅蜜《だんぱらみち》の　行《ぎやう》とも　いひつべし。いかに　宝物《たからもの》を　仏前にも　なげ、師匠にも　施すとも、信心　かけなば　その詮　なし。一紙半銭も　仏法の***かたにいれずとも　他力に　心を　なげて　信心　ふかくば、それこそ　願の　本意にて　さふらはめ。

③すべて　仏法に　ことを　よせて、世間の　欲心も　ある　ゆへに　同朋を　*いひをどさるゝにや。

①**方《かた》に**―「かた」は蓮如上人本、永正本による。底本「方《はう》」。　**施入物……**―寄付の金品。多く寄付した人は、浄土へ行ってから大きな仏になる。　**不可説なり**―言語道断である。　**比興のこと**―不都合なこ

と。

②**あるべからずさふらふか**—「か」は蓮如上人本による。底本「や」。「か」は疑問の助詞。語調を弱めるために添えた。　**安養浄土の教主…**—阿弥陀仏。観無量寿経に阿弥陀仏の御身長を「六十万億那由他恒河沙由旬」と言っている。那由他は百万。恒河沙はガンジス河の砂の数。由旬は長さの単位で四十里（または三十里。ただし六町一里）。すなわち、「六十万億×百万×恒河の砂の数×四十里」。　**方便法身**—元禄刊本、恵空本などによる。底本「方便報身」。方便法身は仏の本体である法性法身から形を現わされたもので、報身と同意。　**法性のさとり**—「我等が往生して」と補ってみる。法性真如の覚り。仏の覚りそのもの。　**長短方円…**—法性真如は形もなく、色もない。　**化仏**—応化身の仏。観念をこらして念仏する時に、化仏を見奉るという（選択集に大集月蔵経の説を引いて書いてある）。　**ことはりなんどにばし**—道理などに。「ばし」は語調を強める接尾語で、鎌倉時代には広く用いられていた。　**仏前にもなげ**—「なげ」は投げ出し。惜しみなく出し。　**心をなげ**—心を投げ出し。全面的に傾倒し。

③**ことをよせて**—かこつけて。　**いひ**—蓮如上人本などによる。底本「ゆひ」。

④右の条々は、みなもて　信心の　異《ことなる》より　ことをこり　さふらふか。古《こ》上人の　御物語に、法然上人の　おんとき、御弟子　そのかず　お丶かりける　なかに、をなじ御信心の　ひとも　すくなく　おはし　けるにこそ。親鸞　御同朋の　御なかにして　御相論

のこと 候《さふらひ》けり。そのゆへは「善信が 信心も 上人の 御信心も 一《ひとつ》なり」と おほせの さふらひければ、勢*観房・念仏房なんど まうす 御同朋達、もてのほかに あらそひ たまひて、「いかでか 上人の 御信心に 善信房の信心 一には あるべきぞ」と さふらひければ、「上人の 御智慧 才覚 ひろく おはしますに、一ならんと まうさばこそ ひがごと ならめ。往生の 信心に をいては またく ことなること なし。たゞ 一なり」と、御返答 ありけれども、なを「いかでか その義 あらん」といふ 疑難 ありければ、所詮《せんずるところ》 上人の 御前にて 自他の 是非を さだむべきにて、この子細を まうし あげゝれば、法然上人の おほせには「源空《ぐゑんく》が 信心も 如来より たまはりたる 信心なり。善信房の 信心も 如来より たまはらせたまひたる 信心なり。されば たゞ 一なり。 別の 信心にて おはしまさん ひとは源空が まいらんずる 浄土へは よも まいらせ たまひ さふらはじ」と おほせ 候しかば、当時の 一向専修のひと〴〵の なかにも 親鸞の 御信心に 一な

らぬ　御ことも　さふらふらんと、おぼえ　さふらふ。
⑤いづれも〳〵　くりごとにて　さふらへども、かきつけさふらふなり。露命《ろめい》　わづかに枯草《こさう》の身に　か丶りて　さふらふほどにこそ、あひともなはしめ　たまふ　ひと〳〵御不審をも　うけたまはり、上人の　おほせの　さふらひし　趣をも　まうし　きかせまいらせ　さふらへども、閉眼《へいがん》の　のちは　さこそ　しどけなき　ことどもにて　さふらはんずらめと、なげき存じ　さふらひて。かくのごときの義ども　おほせられあひさふらふ　ひと〳〵にも　いひまよはされなんど　せらる丶ことの　さふらはん　ときは、古《こ》上人の　御心に　あひかなひて　御用《もちひ》さふらふ　御聖教どもを　よく〳〵　御らん　さふらふべし。おほよそ　聖教には　真実　権仮　ともに　あひまじはり　さふらふなり。権を　すて丶　実を　とり、仮を　さしをいて　真を　もちいるこそ、聖人の御本意にて　さふらへ。かまえて〳〵　聖教を　見みだらせたまふまじく　さふらふ。大切の　証文ども　少々　ぬき　いだし　まいらせ　さふらひて、目安《めやす》にして、この書《しょ》

に　そえ　まいらせ　さふらふ　なり。

④**右の条々**―第一一章以下に挙げた異義を指す。　**をなじ**―三舟文庫本、恵空本などによる。底本「をなじく」。　**善信**―親鸞聖人の房号。　**勢観房**―法然上人の高弟。京都の百万遍知恩寺の開基。「勢観」は三舟文庫本、元禄刊本などによる。底本「誓観」。　**念仏房**―法然上人の高弟。念阿弥陀仏。嵯峨の往生院の開基。　**才覚**―才学。学才。　**いかでかその義あらん**―どうしてそのような道理があろうか。　**疑難**―疑いなじること。　**当時**―その頃。親鸞聖人が法然上人のもとにおられた頃を指す。

⑤**露命**……―いつ消えるかも分からない衰残の命がわずかに残っている間に。「露」「草」「かかる」は縁語。　**あひともなはしめたまふひと〴〵**……―御同行の方々。「しめ」「たまふ」は敬語。　**閉眼**―眼を閉じること。死ぬこと。　**さこそ**―さぞや。蓮如上人本などによって加える。底本になし。　**しどけなき**―混乱した。とりとめのない。　**いひ**―永正本などによる。底本「ゆい」。　**古上人**……**御聖教**―故親鸞聖人のお考えに一致し、お用いになった御聖教。「唯信鈔」（聖覚法印）、「自力他力の事」（隆寛律師の作と伝える）、「後生物語聞書」（同上）などを指す。　**真実権仮**……―真実と権化とが混《まじ》り合っている。　**かまえて〳〵**―よくよく注意して。　**見みだらせ**……―御見誤りなさってはいけません。「みだらせ」の「みだら（る）」は「誤まる」。「せ」は敬語の助動詞。　**大切の証文**―信仰上、大切な証拠になることば。その抜き出された証文は、次の「弥陀の五劫思惟の願を…」、「善悪の二つ…たゞ念仏のみぞまことにてお

はします」の二条を指す（この解釈には異論もあるが、私はこの二条に相違ないと思っている。↓解題）。

目安―目標。めど。

⑥上人の　常の　仰《おほせ》には、「弥陀の　五劫思惟の　願を　よく〳〵　案ずれば、ひとへに親鸞一人が　ため　なりけり。されば　そくばくの　業《ごふ》を　もちける　身にて　ありけるを、たすけんと　おぼしめし　たちける　本願の　かたじけなさよ」と、御述懐　さふらひし　ことを、今また　案ずるに、善導の「自身は　これ　現に　罪悪生死の　凡《ぼん》夫《ぶ》。曠*劫より　このかた　つねに　しづみ、つねに　流転して、出離の縁　あることなきみ　と　しれ」と　いふ　金言に　すこしも　たがはせ　おはしまさず。さればかたじけなく　わが御身に　ひきかけて、我等が　身の　罪悪の　深きほどをも　しらず、如来の　御恩の　高《たか》こと《き》をも　しらずして　まよへるを、おもひ　しらせんが　ためにて　さふらひけり。

⑦まことに　如来の　御恩と　いふ　ことをば　さたなくして、我も　人も　よし**　悪《あし》と

いふ　ことのみ　まうし　あえり。上人の　おほせには「善悪《ぜんまく》の二《ふたつ》　惣じて　もて　存知せざるなり。そのゆへは　如来の　御意《こころ》に　よしと　おぼしめすほどに　しりとをしたらばこそ、善《よき》を　しりたる　にても　あらめ。如来の　あしと　おぼしめすほどにしりとをし　たらばこそ、悪《あしき》を　しりたるにても　あらめど、煩悩具足の　凡夫、火宅無常の　世界は　よろづのこと　みな　もて　そらごと　たわごと　実《まこと》　あること　なきに、たゞ　念仏のみぞ　まことにて　おはします。」　とこそ　おほせは　さふらひしか。

⑧まことに　我も　人も　そらごとを　のみ　まうしあひ　さふらふ　なかに、一《ひとつ》　いたましき　ことの　さふらふなり。そのゆへは、念仏　まうすについて、信心の　趣をもたがひに　問答し、ひとにも　いひきかするとき、人の　くちを　ふさぎ、相論をたゝんために、全《またく》　おほせにてなきことを、おほせとのみ　申《まうす》こと　あさましく　なげき　存じ　さふらふなり。この　むねを　よく〳〵　おもひとき　こゝろえらる　べき

ことに　さふらふなり。

⑨これ　さらに　私《わたくし》の　言《ことば》に　あらずと　いへども、経釈の　ゆくぢをも　しらず、法文の　浅深を　心得わけたる　ことも　候はねば、さだめて　をかしき　ことに　てこそさふらはめども、古《こ》親鸞の　おほせごと　さふらひし　趣、百分が一《ひとつ》　かたはし　ばかりをも　おもひ　いだし　まいらせて、かきつけ　さふらふなり。

⑩かなしきかなや　さいわいに　念仏しながら　ぢきに　報土に　むまれずして　辺地にやどを　とらん　こと、一室の　行者の　なかに　信心　異こと《ことなる》　なからん　ために、なく〳〵　筆を　そめて　これを　しるす。名づけて　歎異抄と　いふべし。外見　あるべからず。と云々　上已

⑥**五劫思惟の願**—弥陀の本願（→一三⑧）。　**そくばく**—そこばく。多く。　**業**—罪業。　**述懐**—心に思っていることを述べること。　**案ずるに**—歎異抄の著者が考えてみると。　**善導**→一二⑤。　**自身はこれ現に…**—善導の散善義の中の文。　**罪悪生死の凡夫**—罪悪に穢れ、生死の世界に迷っている凡

夫である。　**曠劫**—遠い遠い昔。曠は遠い。久しい。「曠」は永正本などによる。底本は「廣」。　**出離**—脱出。迷いの世界から抜け出る。　**金言**—永久に変わらない貴い言葉。　**されば**—されば、これ（弥陀の五劫思惟の願をよくよく案ずれば…という聖人の言葉）は。

⑦**さたなくして**—問題外にして。「さた」は取り扱うこと。　**よし**—永正本などによる。底本「吉《よし》」。　**しりとをし**—徹底して知る。　**悪《あしき》**—三舟文庫本、歎異抄私記、首書歎異抄による。底本「悪《あしさ》」。　**煩悩具足**→三⑤・九③。　**火宅無常の世界**—火宅のごとく無常な世界。火宅は火災にかかっている家。無常の世界、煩悩の衆生。そこには永遠不変の真理は存在しない。

⑧**相論をたゝんため**—論争を打ち切るために（この時代には書物がきわめて少ない。印刷はきわめて困難であり、筆写も容易ではない。したがって「見る」ということは少なくて、「聞く」ということが非常に大きな意味を持つことになるのである）。

⑨**私の言にあらず**—自分が勝手なことを言っているのではない。「私」は「公」に対する語で、個人的、私的の意。　**法文の浅深**—法門の深い意義。「浅深」は「深」の意（→一四①）。

⑩**ぢきに**—直《ただち》に。　**辺地にやどをとらん**—方便化土に、ある期間滞在する。　**一室の行者**—同門の修行者。同じく親鸞聖人の教えを奉ずる人々。　**筆をそめて**—筆に墨をつけて。　**外見あるべからず**—誰にでも見せるべきものではない（秘密にせよ、というのではない。天下に公開するというようなつもりで書いたのではない、同門の人々に見てもらうための私的なものである、という意味）。

解題

一

「弥陀の誓願不思議にたすけられまいらせて」と始まる歎異抄は、決して、とりつきやすい本ではない。しかるに、現に、きわめて広い範囲にわたって、多くの人々に親しまれている。思うに、それは、歎異抄が我々にとって最も重要な問題を、最も率直なことばで言い表わしているからであろう。

浄土教は、仏教が日本に伝えられたその初期に伝えられ、奈良朝、平安朝と時代を経るにつれて隆盛になり、ついに法然上人によって、従来、他の宗派に付属していた地位から進んで、独立の一宗になったことは、いまさら言うにも及ばないことである。ところで法然上人が書かれたものを見ると、二言目には善導大師のことばが出てくる。善導大師の観経疏によって信仰に入られ「偏依善導一師」と言われた法然上人であるから、言々句々、善導大師の御ことばに依られるのは当然のことであるが、手っとり早く信仰の精髄にふれたいと思う者にとっては、隔靴搔痒ともいうべき、まわりくどさが感ぜられる。親鸞聖人になると、法然上人という一人格を通しておられるためか、まわりくどさは、やや軽減せられるようではあるが、それでもやはり、いろいろの経論を引用羅列せられる。「愚癡の法然房」「愚禿親鸞」といわれた上人達ではあるが、もともとすぐれた学匠であったから、その表現は、自然に学的体系をそなえるようになり、また伝燈を重んずる立場から、必然に経論などを多く引用せられることになったのであろう。これに対して歎異抄の著者は――歎異抄の書きぶりから見て――頭脳明晰の人であったが、学者ではなかったようである。著者は、自分は経釈の筋道も知らず、法文の深義を心得わけたこともないと言っているが、それは必ずしも謙遜のことばではないのであろう。著者は親鸞聖人の和讃を知っており、消息の一部も知っていた。また唯信鈔などは読んでいたが、教行信証のごときは読んだらしい形跡は見えない。著者は、親鸞聖人一人を善知識と仰ぎ、聖人の御物語――法語を唯一絶対の指南として生きた人であったと見うけられる。歎異抄が信仰上の最も重要な問題を最も率直に語っているのは、この故であろう。

二

歎異抄は、初めに、著作の理由を述べ、故親鸞聖人の御物語で、自分の耳の底に残っているところを、いささか書きつける、と言って、「弥陀の誓願不思議にたすけられまいらせて」以下、十条の御物語を書きつける。次に、聖人の滅後、聖人の仰せではない異義がいろいろと言われているようである。その異義の正しくない所以を述べる、と言って、誓願不思議と名号不思議との関係以下八条の異義を挙げて詳しく批判する。次に右の異義にちなんで、親鸞聖人が法然上人の門下におられた頃に、他力廻向の信心について、同門の人々と論争せられたことがあった——それは他の人々の領解が誤っていたからであった——ことを記し、自分の死後、異説に迷わされることがあるならば、故聖人が推奨せられた聖教を正しく拝見して疑惑を解かれたいと言い、最後に信仰の標識として、大切な証文を少々抜き出して、この書に添えようと言って「弥陀の五劫思惟の願を、よくよく案ずれば、ひとへに親鸞一人がためなりけり……」、「善悪の二、惣じて以て存知せざるなり……煩悩具足の凡夫、火宅無常の世界は、よろづのこと、みな以て、そらごと、たわごと、まことなることなきに、たゞ念仏のみぞ、まことにておはします」という、聖人の御持言二ヶ条を記し、序文にも記した歎異抄著作の理由をくりかえして筆を結んでいる。

歎異抄の内容は、大きく分けると、著者が聖人から直接に承った法語を記した部分と、滅後の異義を批判した部分と二つになるが、いずれが歎異抄の主体になるのであろうか。序文を見ると、聖人の滅後、聖人の仰せとは異なる説が行なわれて法義が乱れてきたが、法門は聖人の正しい教えに依らなければならないのであって、自分勝手な解釈をしては、他力の安心に住することはできない。同じく念仏する人々の疑問を解かんがために、自分が承った故聖人の御物語の中で、特に深く記憶に残っているものを書き記す、と言っている。そして本文の最後に、故親鸞聖人の仰せられたことの趣旨を、百分の一、かたはしばかりを思い出し奉って書きつけた。同じく聖人の教えを奉ずる人々の中に、信心の異なることなからんことを願うためである、と記している。すなわち歎異抄は、故聖人から承った御物語の趣を書くのが主眼であったのである。第十一章から十八章まで、異義の批判をしているが、その批判のしかたは、異義を破折しようとするのではなく、異義の異義たる所以を懇切に説き明かして、正義に立ちかえるように指導している。歎異抄——先師口伝の真信に異なることを歎いて書いた本——と題しているが、異義の批判が目的ではなく、先師口伝の真信を伝えるのが目的であったのである。このことは早く周山寮主（開華院法住）が「破邪顕正の為などと、いかにも格式ばつて来意を考へられては、歎異抄の作者は血涙を流すべし……もの知り顔に、破邪顕正などと云ふ意にて書いたに非ず、先師口伝の真信に異る事を歎き、真信のすたれたるを憂へて、祖師の遺訓を書残すを先として、傍に異義を簡（んだものである）」（歎異抄聞記）と言っているとおりである。近時、歎異抄の終わりの方にある「大切の証文」という語の解釈に窮して、歎異抄の中心は第十一章から十八章までの異義を批判した部分であり、初めの十章は「大切の証文」として添えたものである、という説が一部に行なわれているが、これははなはだしき誤解である（この点については、『日本古典文学大系82　親鸞集・日蓮集』の補注「一七四、大切の証文」の項にやや詳しく記しておいた）。

三

歎異抄の著者は、河和田の唯円と推定せられている。これは周知のごとく三河の万徳寺了祥（天明八年〈一七八八〉～天保十三年〈一八四二〉）の説で、歎異抄聞記に記されている。河和田は今の水戸市河和田町である。唯円の生歿年次は明らかでないが、慕帰絵詞に、正応元年（一二八八）の冬、唯円は常陸国（茨城県）からはるばる京都へ上って来て、覚如上人と広く教義上の問題について語り合ったことが記されている。ところで歎異抄の末尾の文を見ると、著者ははなはだしく老衰している。したがって歎異抄を書いたのは正応元年よりもなお数年も後であろう。正応元年は、親鸞聖人の亡くなられた弘長二年（一二六二）から二十六年後であるが、了祥は、歎異抄が書かれたのは、聖人の滅後三十年も経てからであろう、と推定している。なお了祥は歎異抄第二章に、関東の門弟達が信仰上の問題で上京して来たことが記されている、あの門弟達の中に、唯円も入っていたに相違ない、と推測している。あの門弟達が上京したのは何年のことか明らかでないが、親鸞聖人御消息集（広本）の第二通（末燈鈔第十九通）に関東の人々が信仰上の問題で上京したことが記されており、それは建長四年（一二五二）のことと考えられる。歎異抄第二章の記述が御消息集・末燈鈔の消息と合致するものであるならば、建長四年のことであろう。仮に、弘長二年から三十年後の正応五年（一二九二）に、唯円は七十歳であったとしてみると、聖人が九十歳で入滅せられた時、唯円は四十歳、建長四年には聖人は八十歳、唯円は三十歳であったということになり、聖人が関東から京都へ帰られた頃は、唯円は十歳を少しく越えた頃であったであろうということになる。もちろん、これは正応五年に七十歳であったと仮定しての話で、実際はこれより数歳も若かったかもしれない。

唯円は聖人に何回くらいお目にかかったのか分からないが、お目にかかったのは聖人の晩年、すなわち聖人の思想の最も円熟した時代であったことは確かであろう。唯円はそれから三十数年、四十年も後、露命わずかに枯草にかかるごとき状態になって、その御物語の趣を書きつけたのであった。

四

現存する歎異抄の古写本の中で最も古いのは、西本願寺所蔵の蓮如上人書写本である。故禿氏祐祥博士から、この本は上人の六十五歳頃の筆であろう、と教えられた。上人の六十五歳は文明十一年（一四七九）、歎異抄が著作せられてから、百八十数年の後である。この百八十数年の空白を埋める方法が現在のところないのである。蓮如上人本は、全巻上人の真筆であり、「右斯聖教者、当流大事聖教也……釈蓮如（花押）」とある。その原本あって、宗門にとっては、最も大切な本である。また歎異抄が真宗の大切な聖教として、室町期以後伝持せられたのについては、蓮如上人のこの奥書が大きな力になったのであろうと考えられる。しかし蓮如上人本（以下、蓮師本）の本文は、誤脱の少なくない本であって、意味の通じ難いところもある。それは蓮如上人時代にすでに本文が乱れていたからである。西本願寺には、実如上人（蓮如上人の第十男）が天正七年に歎異抄の一部分を抜き書きしたものが伝わっているが、その本文は蓮師本とは別の系統のものである。これは蓮師本が本願寺においても証本とは認められていなかったことを示すものであろう。書写年代の古さで蓮師本に次ぐものは、大谷大学所蔵の永正本で、永正十六年（一五一九）に写されている。これは蓮師本系統の本である。龍谷大学には蓮師本とは系統の違う室町末期の写本がある。いまこの略註本の底本に用いた大谷大学蔵本は、やはり室町末期のものであるが、右の龍谷大学本を写して、永正本系統の本で修正を加えたもので、意味が通じやすくなっている。大谷大学には右のほかに三舟文庫（故舟橋水哉教授の愛蔵書）の歎異抄（江戸初期のもの）、恵空講師筆本などがある。板本は江戸時代に五本出ている。元禄四年刊本、歎異抄私記（元禄五年以前の刊）、首書歎異抄（元禄十四年以前の刊）、それから西本願寺の「真宗法要」所収のもの（昭和三年刊）、東本願寺の「真宗仮名聖教」所収のもの（文化八年刊）とである。古写本は右に記したもののほかに、室町時代のもので、今日所在の知られているものが八本あるが、自分はまだ直接に拝見していないので、ここには省略する。最後に蓮師本にある裏書および蓮師の奥書を参考のために記しておく（原本の仮名は片仮名）。

後鳥羽院之御宇、法然聖人、他力本願念仏宗を興行す。于時、興福寺僧侶敵奏之上、御弟子中狼藉子細あるよし、無実風聞によりて、罪科に処せらる丶人数事。

一法然聖人幷御弟子七人流罪、又御弟子四人死罪におこなはる丶なり。聖人は土佐国 番田 という所へ流罪、々名藤井元彦男云々生年七十六歳なり。親鸞は越後国、罪名は藤井善信 云々 生年三十五歳なり。

浄聞房 備後国 澄西禅光房 伯耆国 好覚房 伊豆国 行空法本房 佐渡国 幸西成覚房、善恵房二人、同遠流にさだまる。しかるに無動寺之善題大僧正これを申あづかると云々。遠流之人々、已上八人なりと云々。

被行死罪㆒人々。

一番　西意善綽房　　二番　性願房　　三番　住蓮房　　四番　安楽房

二位法印尊長之沙汰也

親鸞改《めて》僧儀《を》㆒賜《たまふ》俗名《を》㆒。仍《て》非《ず》㆑僧《に》非《ず》㆑俗《に》。然間《だ》以《て》禿《の》字《を》㆒為《して》㆑姓《と》被《れ》㆑経《へ》㆓奏聞《を》㆒了。彼《の》御申《し》状、于今㆒外記庁《に》納《る》と云々。流罪以後、愚禿親鸞令《しめ》㆑書給也

右斯聖教者、当流大事聖教也。於無宿善機、無左右不可許之者也。

釈　蓮　如　（花　押）

付編

歎異抄の意訳

【序章】

①浅はかな心をもって、私《ひそか》に、故親鸞聖人御在世《ございせ》の時代とこの頃とを、思いくらべて見ますると、この頃は、故聖人が御口づから教えて下さいました真の信心とは異なった説が行なわれておりますのが、なげかわしく存ぜられまする。こういうことでは、信心をうけついでいきますのについて、きっと疑問が起こるであろうと思われまする。幸いにして真の師匠に導かれる、ということがございませんならば、どうして念仏の大道に入ることができましょうか。

②自分の一人《ひとり》合点《がってん》をもって、他力念仏の根本を思い誤ってはならないことであります。

③そこで、故聖人から承りましたお話の中で、特に深く記憶に残っておりますことを、少々書き記しまする。これはまったく、同じ心で念仏の道を歩まれる方々の疑問を晴らしたいからでありまする。

【第一章】

①一、阿弥陀仏の不可思議な誓願に助けられ奉って、必ずお浄土へ生まれるのである、と信じて、南無阿弥陀仏と称えよう、と思う心が起こります時、その時すでに、阿弥陀仏は全《まった》き救いの中に摂《おさ》め取って下さるのであります。

②阿弥陀仏の御誓には、老人《としより》、若い者、善人、悪人など、人の差別をせられませぬ。ただ信心一つが肝要《かんよう》である、と知らなければなりませぬ。それは、阿弥陀仏の誓願は、罪悪《つみ》が重く煩悩《けがれ》が深くて、助かる道のない私どもを助けるために、立て給うたものであるからであります。それゆえ、阿弥陀仏の本願を信じますならば、他のいかなる「善」も必

要ではありませぬ、念仏にまさる「善」はないからであります。また「悪」をも恐れるに及びませぬ、弥陀の本願を妨げるほどの「悪」はないからであります、と仰せられました。

【第二章】

①一、あなた方《がた》が、遠い関東から京都まで、十余ヶ国の境を越えて、命がけでたずねて来られました御目的は、まったく、極楽へ往生する道を問いたずねるためであります。

②ところで、この親鸞が、念仏のほかにも往生の道を知っており、またいろいろの法文をも知っているのであろう、それが知りたい、と思っておられますのならば、それは大きな誤りであります。もしそういうご希望ならば、奈良や叡山にも、すぐれた学者がたくさんいらっしゃることでありますから、その人々にでもお目にかかって、往生についての大切な点を、よくよくお聞きなさるがよろしい。

③親鸞は、一筋《ひとすじ》に念仏して、阿弥陀仏に助けていただけと、よき人の仰《おお》せをこうむって信じているだけで、ほかに何のわけもないのであります。念仏するのは、本当に、お浄土へ生まれる因《たね》でありましょうか、あるいはまた、地獄へ堕《お》ちる因でありましょうか、そういうことはまったく知らないのであります。

④仮《かり》に法然上人に欺《だま》されて、念仏して地獄へ堕ちたと致しましても、決して後悔はしないでありましょう。なぜかと申しますと、念仏のほかの修行でもして、それで仏になるはずでありましたのが、念仏を申して、地獄へ堕ちたのでもありますならば、欺されて、という後悔もありましょう。けれども、いずれの道の修行もできない身でありますから、どうせ、地獄よりほかに行きどころのない身であります。

⑤弥陀の本願が真実であらせられますならば、釈尊の御説法は虚言《うそ》であるはずがありませぬ。釈尊の御説法が真実であらせられますならば、善導大師の御説は虚言であるはずがありませぬ。善導大師の御説が真実ならば、法然上人の仰せは、どうしてそらごとであ

りましょう。法然上人の仰せが真実ならば、この親鸞の申す趣旨《おもむき》もまた、いたずらごとではありますまい。つまるところ、私の信心はかくのごとくであります。このうえは、念仏の教えを用いて信じ奉ろうとも、または捨てようとも、あなた方銘々のお考え次第であります、と仰せられました。

【第三章】

①一、善人でさえも往生を致します、まして悪人が往生することは申すにも及びませぬ。

②然るに世間一般の人が申しますのには、悪人でさえも往生を致します、まして善人が往生することは申すにも及びませぬ、と。

③これは一応道理があるように思われますけれども、弥陀の御力のみによる救いの趣旨《おもむき》に背《そむ》いております。なぜかと申しますと、善人、すなわち自分の力で善を作《な》し、それによって成仏しようとする人は、一筋に弥陀の御力をたのむ、という心が欠けておりますか

ら、弥陀が救済の目的《めあて》とせられるものでありませぬ。
④けれども、そういう人も、自分の力にたよる心を改めて、弥陀のお力をたのみ奉りますならば、まことのお浄土へ生まれることができるのであります。
⑤阿弥陀仏は、私どもがあらゆる煩悩《けがれ》をことごとく有《も》っていて、いずれの道においても、迷いを離れることができないのを憐《あわ》れみなさいまして、誓願をお立てになったのでありまます。したがって誓願の本意は、私ども悪人を成仏せしめるためでありますから、弥陀のお力をたのみ奉る悪人が、第一に往生するものであります。それゆえ、善人でさえも往生します、まして悪人の往生は申すにも及ばないのであります、と仰せられました。

【第四章】

①一、慈悲《じひ》に、自力の慈悲と他力の慈悲との違いめがあります。自力の慈悲というのは、自分の力で、ものを憐《あわ》れみ、可愛がり、護《まも》り育《そだ》てるのであります。けれども、思うとお

りに、十分に救い上げることは、きわめて困難であります。他力の慈悲というのは、自分がまず念仏して、早く仏になり、その上で、仏としての大慈悲心をもって、思う存分に、迷うているものを恵《めぐ》み導くことを申すようであります。

②この世では、どんなにかわいそうである、気の毒であると思いましても、思うとおりに、救い上げることができませんから、自力の慈悲は中途半端なものであります。そうしてみまするとと、本願に帰して念仏申すことだけが、本当に徹底した大慈悲心でありましょう、と仰せられました。

【第五章】

①一、親鸞は父母への追善供養として、いまだかつて、一度でも念仏を申したことはありませぬ。

②なぜかと申しますと、あらゆる生物《いきもの》は、私どもが遠い過去以来、いろいろのものに生ま

れかわって来ました、そのいずれかの時の、父母であり、兄弟であります。それゆえ、すべてのものを、この次の世に、仏になって助けるはずであります。念仏が、もし、自分の力ではげむ「善」でもありますならば、念仏を供養して、父母をも助けましょう。私どもは、もっぱら自力を捨てて、一日も早くお浄土へ参って仏の覚《さと》りを開きますならば、どんな世界に、どんな境遇をうけて、どんな苦しみに沈んでおりましても、不可思議な仏の力をもって、まず縁のある者から救うてゆくはずであります、と仰せられました。

【第六章】

①一、一筋《ひとすじ》に念仏する人々の中に、これは自分の弟子である、いや他人《ひと》の弟子である、という争いがあると聞きますが、それはまことに思いもよらぬことであります。

②親鸞は弟子を一人も有《も》っておりませぬ。そのわけは、自分のとりはからいで、人に念仏

を申させますのならば、それは自分の弟子でもありましょう。まったく阿弥陀仏の御手まわしをこうむって念仏を申しております人を、自分の弟子であるなどと申しますのは、驚き入った乱暴なことであります。

③自分について来るべき縁があれば、つれ添うて進み、離れるべき縁があれば、離れることもありますのに、従来《これまで》の師匠から離れて、他の人に従うて念仏すれば、往生はできないはずであるなどというのは言語道断《ごんごどうだん》なことであります。阿弥陀仏から賜った信心を、自分が与えたもののように、取りかえそうというのでしょうか。そんなことはかえすがえすもあってはならないことであります。

④しかし、本願の思《おぼ》しめしに従いますならば、仏の御恩をも知り、また師匠の恩をも知るはずであります、と仰せられました。

【第七章】

①一、念仏は何ものにも妨《さまた》げられない絶対の大道であります。

②なぜかと申しますと、弥陀の本願を信じている人に対しては、天地の神々も深く敬意を寄せ、悪魔や異教の者も妨げをすることができません。罪悪もその当然の報《むく》いを齎《もたら》すことができず、あらゆる「善」も念仏の力には及びませんから、念仏は何ものにも妨げられない絶対の大道であります、と仰せられました。

【第八章】

①一、念仏することは、その人にとって、修行になるのでもなく、功徳《くどく》になるのでもありませぬ。

②自分のはからいでつとめる行《ぎょう》ではありませんから、修行にはなりませぬ。自分のはからいで作る「善」ではありませんから、功徳にはなりませぬ。念仏するのは、まったく弥

陀の御力でありまして、自分のはからいを離れておりますから、その人にとっては、修行でもなく、功徳でもないのであります、と仰せられました。

【第九章】

①一、「念仏を申しておりますけれど、踊り上るほどの喜びが、心の底から湧《わ》いてまいりませぬ。また、早くお浄土へ参りたいと思う心がございませんのは、どうしたものでございましょうか」とおたずね致しましたところ、

②「親鸞も、前からそういう疑問を有《も》っておりましたが、唯円房、そなたもやっぱり同じ思いでありましたな。

③よくよく考えてみますと、天に踊り地におどるほどに、喜ばなければならないことを、喜ばないので、いっそう、往生はまちがいないと思いなさるべきであります。喜ばなければならない心を抑《おさ》えて、喜ばせないのは、けがれた心の所為《しわざ》であります。しかるに、

仏はこれを始めからご承知で、お前たち、心のけがれはてた凡夫よ、と呼びかけて下さったことでありますから、仏の御力のみで救い上げようという大慈悲の誓願は、このようなあさましい私どものために、立てられたのでありましたわいと知られまして、いっそうたのもしく思われることであります。

④また、早くお浄土へ参りたいと思う心がなくて、少し病気でも致しますと、死ぬのではなかろうか、と心細く思われますのも、けがれた心の所為《しわざ》であります。遠い遠い古《いにしえ》から今日まで、生まれかわり死にかわりして、さまようて来ましたこの苦悩の故郷は捨てがたく、いまだ参らない寂光の浄土は、恋しく思われませんのは、まことに、余程《よっぽど》深く心がけがれているからであると思われます。しかし名残おしくは思いますけれど、この世の縁が尽きて、何とも致しようもなくて命が終わります時に、お浄土へ参るはずであります。

⑤いそいで参りたい心のない者を、ことさらに、憐《あわ》れと思《おぼ》しめすのであります。往生をい

そぐ心がないのにつけても、いっそう、大慈大悲の誓願はたのもしく、お助けはまちがいないと存じます。もし踊り上るような喜びもあり、早くお浄土へ参りたくも思われますならば、これは心のけがれがないのであろうか、とかえって疑わしくも思われるでありましょう」と仰せられました。

【第一〇章】

①一、念仏に対しては、私どもの思慮分別《はからい》を加えないのをもって本義と致します。念仏は、はかることもできず、説くこともできず、考えることもできないものでありますから、と仰せられました。

②そもそも、親鸞聖人御在世の昔、同じ目的をもって、関東から、はるばると京《みやこ》へ上り、同一の信心をいただいて、この次には必ずお浄土へ生まれたいと願いました人達は、同時に聖人の御心持を承りました。けれども、その人達に従って念仏せられる人がたくさ

んにおられます中に、近頃、故聖人の御教《みおし》えとは違う、誤った話を、随分、いろいろと言うておられるということを、噂《うわさ》に聞いております。その正しくない話の趣を、次に申し述べましょう。

【第一一章】

①一、学問などまったくない人が念仏を申しているのに対して、「お前は、不可思議の誓願を信じて念仏するのか、あるいは、不可思議の名号を信じて念仏するのか」と言って威《おど》しつけ、しかも誓願と名号とのわけを、はっきりとも説き明《あか》さないで、人の心を惑《まど》わすものがあります。これは十分に注意して、明らかに心得わけなければならないことであります。

②阿弥陀仏は不可思議な誓願によって、保《たも》ちやすく、称《とな》えやすい、南無阿弥陀仏という名号を考え出しなさいまして、この名号を称える者を、浄土へ迎え取ろう、とお約束なさ

ったことでありますから、まず、阿弥陀仏の不可思議の誓願に助けられ奉って、必ずお浄土へ生まれるのである、と信じて、念仏が称えられますのも、仏の御はからいであると思いますと、少しも自分のはからいが混《ま》じりませんから、誓願の思《おぼ》しめしにかなって、まことのお浄土へ往生するのであります。これは不可思議の誓願をもっぱら信じ奉りますと、おのずから不可思議の名号をも信ずることになるのでありまして、誓願と名号は一体で、決して異なったものではないのであります。

③次に自力《じりき》念仏の人は、自分のはからいを交《まじ》えて、「善」と「悪」とについて、「善」は往生のためになる、「悪」は往生の妨げになる、と区別をして考えますから、不可思議の誓願を信じないで、自分の力で、往生のために「善」を作《な》そうとはげみ、称える念仏をも、自力の修行にするのであります。この人はまた、不可思議の名号をも信じないのでありまます。

④かように、誓願も名号も信じてはおりませんけれど、念仏したおかげで、まず方便の土《くに》

に往生し、かくのごとき自力念仏の者をも漏《もら》さず助けようという誓願の力によって、最後には、まことのお浄土に生まれますのは、不可思議の名号の力であり、これはそのまま不可思議の誓願の力でありますから、いずれから見ましても、誓願と名号とは、まったく同じものでありましょう。

【第十二章】

①一、たとい信心が深くても、お経やその注釈を読んで学問をしない者は、往生ができるかどうか分からない、という説があります。

②これはまことに取るに足らぬ説でありましょう。弥陀の本願他力の趣旨《おもむき》を明《あき》らかにしましたあらゆる聖教は、本願を信じて念仏を申せば仏になる、と説いてあります。本願を信じて念仏するほかに、一体どんな学問が往生のために必要でありましょうか。まことに、このわけが分からないでいる人は、どのようにでも学問をして、本願の趣旨《おもむき》を知る

がよろしい。しかし、聖教を読んで学問をしましても、聖教の本意を了解することができませんのは、はなはだ気の毒なことであります。

③学問が少しもなくて、聖教の趣旨《おもむき》も知らない愚《おろ》かな人が、称《とな》えやすいようにと、工夫《くふう》して下された御名号でありますから、他力念仏の道を易行《いぎょう》と申します。学問を第一と致しますのは自力聖道であります、その道を難行《なんぎょう》と申します。学問をして、誤って名誉欲や財欲にとらわれている人は、この次にお浄土へ生まれることができるかどうか疑わしい、ということについて、確かな証拠もありまするぞ。

④この頃、念仏往生の教えを信ずる人と、自力聖道の教えを奉ずる人とが、争いを企てて、自分の宗旨こそ勝《すぐ》れている、他の宗旨は劣っている、と言いますために、尊い御法《みのり》に敵対する者ができ、非難も生ずるのであります。これはまったく、自分で自分の宗旨を非難攻撃しているのではありませんか。

⑤たとい諸宗の人が口を揃えて、念仏は、つまらぬ者のための教えである、その説くとこ

ろは浅薄である、低級である、と申しましても、少しも争わないで、私どものようなつまらない人間、無学文盲《むがくもんもう》の者が信ずれば助かる、と承って信じておりますので、すぐれた御方にとっては、まったく卑《いや》しい教えでありましても、私どもにとりましては、最もふさわしい御教えであります。他の教えは、たといすぐれておりましても、力が及びませんから、教えのままに行なうことができません。お互いに、迷いを離れて覚りに入りますことこそ、諸仏の本懐とせられるところでございますから、御妨《さまた》げなさらないで下さい、と穏《おだ》やかに言って、憎々《にくにく》しい様子を致しませんならば、誰が非難攻撃を致しましょうか。

⑥その上、争いの場所には、さまざまのけがれた心が起こります。思慮のある者は、争いの場所から遠く離れよ、という確かな御教《みおし》えもあるのであります。

⑦故聖人の仰せには「釈尊は、かねて、この念仏の教えを信ずる人もあり、謗《そし》る人もあるであろう、と説いておかれたことでありますから、私はすでに信じ奉っております、ま

た一方に謗る人もありますので、やっぱり釈尊の御言葉は真実でありました、と知られることであります。してみますれば、私どもの往生は、いよいよまちがいないと思いなさるがよろしい。もし謗る人がおりませんでしたら、信ずる人はあるけれど、どうして謗る人がいないのであろうか、とも思われることでありましょう。しかし、こう申したからといって、必ず人に謗ってもらおう、というわけではありませぬ。釈尊がかねて、信ずる人もあり、謗る人もあるであろう、ということをご承知になりまして、謗る人があるからといって、人に疑いを起こさせまいとして、説いてお置きなさいましたことを申すのであります」と仰せられました。

⑧この頃の人は、学問をして、他人《ひと》の謗りを防《ふせ》ごう、大いに論争をしよう、と心がけておられるのでありましょうか。学問をしますならば、いっそう深く仏の御本意を知り、大慈悲の誓願の広大な趣旨《おもむき》をも領解して、自分のようなあさましい身で、往生はできるであろうかなどと、疑わしく思っている人に対しても、弥陀の本願は、罪悪《つみ》の重い人も軽

い人も、煩悩《けがれ》の深い人も浅い人も、差別なく救い給うのであるという趣をも、説き聞かせなさいますならば、それこそ学者の学者たる甲斐でもありましょう。しかるに、稀《まれ》に、すなおな心で、本願の思《おぼ》しめしに従って念仏している人にまで、「学問をしてこそ往生は疑いない」などと言うて威《おど》されるのは、御法《みのり》を妨げる悪魔であり、仏に仇《あだ》をする敵《かたき》であります。そういう人は、みずから他力の信心を得ていないだけでなく、誤って、人を迷わすものであります。そういうことは、故聖人の御心に背《そむ》くものであることを思って、謹んで畏《おそ》れなければなりません。また、そういう人は、阿弥陀仏の思《おぼ》しめしにかなわないものであることを知って、気の毒と思うべきであります。

【第一三章】

①一、阿弥陀仏の本願は、絶対・不可思議であらせられるからといって、罪悪《つみ》を犯すことを怖《おそ》れないのは、本願にあまえるものであって、それでは往生ができるはずがない、と

いう説があります。

②これは本願の御力を疑うものであり、また、私どもが「善」を作《な》したり「悪」を犯したりするのは、すべて前から定まっている因縁が然《しか》らしめるのである、ということを知らないものであります。私どもに、善い心が起こりますのも、前からの善い因縁が促《うなが》すからであり、悪い考えが浮かびますのも、過去の悪い因縁が、そうさせるからであります。故聖人の仰せには「あの細《こまか》い兎《うさぎ》の毛や羊の毛の先についている塵ほどのわずかな罪悪《つみ》でも、過去の報《むく》いでないものはない、と心得なさい」と仰せられました。

③またある時に「唯円房、そなたは、私の言うことを信じますか」と仰せられましたので「はい、信じまする」と申しますと、「それでは、私の言うことに背《そむ》かないでしょうか」と重ねて仰せられましたので、「決して背きは致しませぬ」、と謹んでお受けを致しました。すると聖人は「まず、人を千人殺してもらいましょう。そうすれば、必ず往生することになるでしょう」と仰せられましたので、「御言葉ではございますが、私の力では、

一人も殺せそうにも思われませぬ」と申しましたところ、「それでは、どうして親鸞の言うことに背くまい、と言うのですか」と仰せられ、さらに「これで分かるでしょう。何事でも思うとおりになることなら、往生のために、人を千人殺せと言いますならば、直に殺すでしょう。けれども、一人も殺しうる因縁がないので、殺さないのであります。自分の心が善いから殺さないのではありませぬ。また、殺すまいと思いましても、百人千人の人を殺すこともあるでしょう」と仰せられました。それは私どもが、自分の心の善いのを「善い」、これならば往生ができよう、と思い、心の悪いのを「悪い」、これでは往生はできまい、と思いまして、本願の不可思議なお力で助けて下さるのである、ということに気がつかずにおりますのを、お教え下さったのであります。

④かつて、誤った考えに陥《おちい》った人がありまして、罪悪《つみ》を犯した者を助けようという本願であらせられますから、と言って、ことさらに進んで悪いことをして、これを往生の因《たね》にするなどと申しまして、いろいろと悪いことをしているという噂《うわさ》が聞こえてきました時、

聖人はお手紙に「薬があるからといって、毒を好んではなりませぬ」とお誡《いまし》めなさいましたが、それはその誤った考えを改めさせるためでありまして、決して罪悪《つみ》が往生の妨げになるであろう、というのではありませぬ。

⑤聖人はまた「もし、もっぱら戒律を守って、罪悪を犯さないようにして、本願を信ずるのでありますならば、私どもは、どうして本願のお助けをこうむることができましょうか」と仰せられました。こういうあさましい私どもも、本願の思《おぼ》しめしを聞かせていただきましてこそ、まことに、本願にあまえることもできるのであります。さればといって、身にその因縁を有《も》っておらない罪悪は、よもや犯すことはできないでありましょうよ。

⑥また聖人は「海や川で網《あみ》を引き釣《つり》をして世を渡る人も、野や山で獣《けもの》を狩り、鳥を取って生活する人も、商売をし、田《た》畠《はた》を耕《たがや》して日暮しをする人も、どれが善い、悪い、というわけではなく、同じことであります」と仰せられ、「そうするはずの因縁が促《うなが》せば、ど

んなことでもするでしょう」と仰せられました。しかるにこの頃の念仏者は、殊勝《しゅしょう》な求道者のようなふりをし、善人だけが念仏するように思って、あるいは念仏の道場に張紙《はりがみ》をして、何々のことをした者を、入れることはできない、などと掲示しておりますが、それは表面には、まったく立派な仏弟子のような相《すがた》を見せて、内心には虚仮《いつわり》を懐《いだ》いているのであろうかと思われます。

⑦本願にあまえて造る罪悪《つみ》も、過去の因縁が促《うなが》すからであります。そうしてみますれば、善いことも悪いことも、過去の因縁にまかせてかえりみず、ただ一筋に本願をたのみ奉ってこそ「他力」でありまする。唯信抄にも、「阿弥陀仏に、どれほどの力がおありになると知っているのだろうか、自分は罪深い身であるから救われがたいなどと思うのは」とありまするぞ。本願にあまえる心があるのにつけて、いっそう、本願他力をたのむ信心も、しっかりと定まることであります。

⑧一般的に申しますと、罪悪《つみ》や煩悩《けがれ》を、すっかりなくしてしまってから、本願を信じます

ならば、本願にあまえる心もなくて、善いようでありますが、しかし、もし煩悩《けがれ》をなくしてしまいますならば、そのまま仏になるのでありまして、そうなりますれば、阿弥陀仏にとっては、五劫の間、思案に思案を重ねて立てられました本願は、無用のものになり給うでありましょう。

⑨本願にあまえてはならないと誡《いまし》めなさる人々も、やはり煩悩や罪悪をことごとく身に有《も》っておられるようであります。それは本願にあまえておられるのではないでしょうか。いったい、どういう「悪」を本願にあまえるというのでしょうか、どんな「悪」があまえないのでありましょうか。本願にあまえるのは悪いなどと言いますのは、かえって幼稚なことかと思われます。

【第一四章】

①一、一声《ひとこえ》の念仏によって、八十億劫という永い間、苦しまなければならない重悪を滅《ほろ》ぼ

すのであると信じて念仏せよ、という説があります。これは十悪・五逆の罪を犯した人が、平生《へいぜい》は念仏を称《とな》えたこともなくて、命が終わろうとする時に、はじめて尊い師匠の教えによって、一声《ひとこえ》南無阿弥陀仏と申せば、八十億劫の間苦《あいだくる》しまなければならない罪を滅《ほろ》ぼし、十声《とこえ》申せば、八百億劫の間苦《あいだくる》しまなければならない重悪を滅《ほろ》ぼして、お浄土へ生まれる、ということを申します。それは十悪・五逆の罪の重さを知らせるために、一声の念仏、十声の念仏といったのかと思いますが、要するに念仏はそなわっている滅罪の功徳をいうのであります。しかし、功徳《くどく》をたのんで念仏するのは、いまだ私どもの信じている他力の念仏には及びませぬ。

②なぜかと申しますと、私どもは、弥陀の光明の御照らしをこうむっておりますがゆえに、ひとたび、弥陀の本願に帰依しようという心が起こります時、阿弥陀仏から金剛不壊《ふえ》の信心を下され、その時すでに、必ず往生をする不退転の位にお摂《おさ》め下さいまして、命が終わりますと、今までのあらゆる罪悪《つみ》や煩悩《けがれ》を転化して、無生無滅の覚りに安住させて

下さるのであります。この大悲の本願があらせられませんならば、私どものような、あさましい罪悪の身が、どうして迷いの世界を離れることができましょうか、と思って、一生の間称《とな》える念仏は、みなことごとく、阿弥陀仏の御恩を思い、お礼を申し上げるのであると心得なければなりませぬ。

③念仏を申すたびごとに、これで罪を滅ぼすのであると信じますのは、それはすでに自分の力で罪を除いて、往生しようとはげむのであります。もしそういうように致しますならば、私どもは一生涯《いっしょうがい》、心に思うことは、みなことごとく、迷いの因《たね》でないものはないのですから、いま命が終わるという最後の時刻《とき》まで、怠ることなく念仏して、もって往生することができるのでありましょう。ただし、私どもは、過去に造った因縁の報《むく》いとして受けなければならないものは、どうすることもできないのでありますから、どんな意外なことにも出遇《あ》い、あるいは病気の苦しみに責《せ》められて、落ちついた正しい心で本願を仰ぐこともできずに命が終わることもありましょう。その時には念仏を称《とな》えること

ができません。その念仏を称えなかった間の罪は、どうして滅ぼすのでしょうか、罪が消えなければ往生はできないのでありましょうか。

④ひとたび帰依しますれば、光明の中に摂《おさ》め取って捨て給うことのない本願を信じ奉りますならば、どんな意外なことに遇《お》うて罪を犯し、念仏を称《とな》えないで命が終わりましても、直にお浄土へ生まれるのであります。また、臨終に念仏が称えられるに致しましても、それは、いままさに仏の覚りを聞かせていただく、その時刻《とき》が近づくにしたがい、いよいよ深く弥陀をたのみ、御恩を感謝し奉る念仏でありましょう。

⑤念仏によって罪を滅ぼそうと思いますのは、自力の心でありまして、もともと、臨終に心乱《こころみだ》れずして往生しようと祈る人の願いでありますから、それは他力の信心が欠けているのであります。

【第一五章】

①一、信心をいただいた者は、あらゆる煩悩《けがれ》を有《も》ったこの肉身のままで、すでに覚《さと》りを開いたものである、という説があります。これはまことに思いもよらぬことであります。

②肉身のままで仏に成るというのは、真言宗の教えの根本でありまして、手に印《いん》を結び、口に真言を誦《とな》え、心に本尊を憶《おも》うて、行者の身《しん》・口《く》・意《い》を、大日如来のそれに相応せしめる神秘な修行の結果として、証得せられるものであります。また身心の穢れを洗い捨てて、清浄無礙《むげ》になるというのは、法華経に説かれていることでありまして、身《しん》・口《く》・意《い》および誓願《せいがん》の四種の安楽行《あんらくぎょう》を修《おさ》めて体得するものであります。これらはいずれも、器量《ちから》のすぐれた人が修《おさ》める自力難行の道でありまして、真理を観察し体得して開く覚《さと》りであります。これに対して、次の生《よ》にお浄土に生まれて覚りを開くというのは、阿弥陀仏の御力によって救われる浄土教の根本であり、他力の信心を確立する根底でありますから、今生《こんじょう》で覚りを開くということは、思いもよらぬことであります。しかして

これは、あさましい凡夫《ぼんぶ》に与えられた他力易行の道であり、善人も悪人も差別なく救われる大悲の御法《みのり》であります。

③およそ、今生において、煩悩《けがれ》を除き罪悪《つみ》を滅ぼすということは、きわめて困難でありますから、真言や天台の教えを修行するすぐれた人々ですらも、やはり次の生《よ》にお浄土に生まれて、覚《さと》りを開こうと祈るのであります。ましてや私どもにおきましては申すにも及びませぬ。私どもは、戒律も守らず正しい智慧もありませんけれど、弥陀の誓願に救われて、迷いの世界を越《こ》えてお浄土へ生まれますならば、黒雲《くろくも》のごとき心のけがれはたちまちに消え失せて、皓《こう》々たる覚りの光が現われ、あの十方の世界を光被せられる阿弥陀仏と一体になって、一切の迷える者を救うでありましょう。その時こそ、覚りを開いたのであります。

④この肉身のままで覚りを開くといわれる人は、釈尊のように、迷える者の程度に応じて、種々に変化《へんげ》の身をも現わし、その身に三十二相《そう》・八十随形好《ずいぎょうこう》というような、仏としての

特徴をそなえて、説法・救済せられるのでしょうか。釈尊のごときをこそ、今生で覚りを開く模範と申します。

⑤御和讃に「金剛堅固の信心の、定まる時を待ちえてぞ、弥陀の心光摂護《しょうご》して、ながく生《しょう》死《じ》をへだてける」とありますから、私どもの信心の定まる時に、ひとたび光明の中に摂《おさ》め取って、ふたたび捨て給うことがありませんから、迷いの世界にさまようはずがありません。それゆえ、永久に、迷いの世界とは縁を切るのであります。かように領解するのを、どうして「覚る」などと言いまぎらすべきでしょうか。そんな誤った考えに陥っている人は、まことに気の毒なことであります。

⑥「他力浄土の教えでは、今生で誓願を信じて、あの世で覚りを開く、と承っておりますぞ」と、故聖人の仰せでございました。

【第一六章】

①一、弥陀の誓願を信じている人は、ひょっとして、腹を立てたり、悪いことをしたり、あるいは信者同士で口論でも致しました場合には、必ず廻心《えしん》せよ――罪を懺悔して悪い心を改めよ――という説があります。

②これは悪を除き善を修める自力聖道の考えでありましょうか。本願他力を信ずる人にとりましては、廻心ということは生涯にただいちどあることでしょう。その廻心というのは、いままで本願他力の趣旨《おもむき》を知らなかった人が、阿弥陀仏のお智慧をいただいて、従来《これまで》のような心では、到底往生はできないと気がついて、もとの心を翻《ひるがえ》して、本願他力に帰依し奉ります、それをこそ廻心とは申します。

③もし、あらゆることについて、朝に夕に廻心して、それによってお助けをこうむるのでありますならば、人の命は、「出づる息入《いき》るを待たず」というようにたちまちに終わることでありますから、廻心もせず、穏《おだ》やかな落ちついた心にもならない前《さき》に命が終わり

ますならば、摂《おさ》め取って捨て給わぬという誓願は、いたずらごとになり給うのでありましょうか。

④そういうことを言う人は、口では本願の御力をたのみ奉ると言いながら、心では、悪人を助けて下さろうという本願は、さようにも不可思議であらせられる、とは言っても、やはり善人をまずお助けになるのであろう、と思いますので、本願の御力を疑い、他力をたのみ奉る心が欠けて、そのためにまことのお浄土へは参れないで、方便の土《くに》に生まれるのでありましょう、それは最もなげかわしく思いなさるべきことであります。

⑤信心が定まりましたならば、往生は阿弥陀仏の御はからいによって致すことでありますから、自分のはからいがあってはなりません。自分の悪いところに気がつきますにつけても、いよいよ本願の御力を仰ぎ奉りますと、自然《じねん》の道理で、穏《おだ》やかな、落ちついた心も出てくることでありましょう。

⑥お浄土へ参らせていただくのにつきましては、何事につけても、すべて小賢《こざか》しい思いを

加えないで、ただ惚《ほ》れ惚れと、弥陀の御恩の広大なことを、いつも思い出し奉るがよろしい。そうしますれば、念仏も申されます。これが自然《じねん》であります。自力のはからいを致さないのを、自然と申すのであります。これがすなわち他力《たりき》であらせられます。しかるに、自然ということが特別にあるように、知ったふりをして言う人がある、と聞きますが、それはまことになげかわしいことであります。

【第一七章】

①一、自力の念仏をして方便の土《くに》に生まれる人は、結局は地獄へ堕《お》ちるであろう、という説があります。これはいったい、どこに根拠があるのでしょうか。しかもこれは学者ぶった人の中で言われていることでありますのは、まことになさけない次第であります。こんなことを言われる人は、お経や聖教を、どのように読んでおられるのでしょうか。

②他力の信心が欠けた念仏者は、本願他力を疑いますために、まず方便の土《くに》に生まれて、

本願を疑いました罪を償《つぐの》うてから、まことのお浄土に生まれて仏に成る、と承っております。

③他力の信心をいただく人は、わずかしかありませぬために、まず自力の念仏によって方便の土《くに》に生まれるように、広く勧められますのに、方便の土に生まれる人は、結局はいたずらごとになるであろうと言われますのは、釈尊がうそを仰せられたように申しなされるものであります。

【第一八章】

①一、仏教の方に供養する寄付の物の多い少ないによって、お浄土へ生まれてから、あるいは大きい仏に、あるいは小さい仏になるであろう、という説があります。これはまことに言語《ごんご》道断《どうだん》なことであります、不都合なことであります。

②まず仏の御身に大きいとか小さいとか、量《りょう》を定めるということは、あるべからざること

かと思います。あの西方浄土の教主阿弥陀仏の御身の大きさが、お経に説かれておりますけれど、それは仏の御本体たる真如法性《しんにょほっしょう》から現われた方便法身《ほうべんほっしん》の御姿について申すのであります。私どもが往生成仏して真如法性に帰一し、長いとか短いとか、四角いとか円《まる》いとかいう形を離れ、青・黄・赤・白・黒などの色をも離れましたならば、どうして大きいとか小さいとかを定めることができましょうか。お聖教に、心に仏の御身を想《おも》い浮かべて、一心に称名します時、応化身《おうげしん》の仏を見奉るということがありますが、その場合に、大きい声で念仏すれば大きい仏を、小さい声で念仏すれば小さい仏を見奉る、と説いてありますが、右の説は、あるいはこういうことにでも付会せられたのでありましょうか。また一方から考えてみますと、寄付は聖道門の布施《ふせ》の行ともいうことができましょう。しかし、どんなに財宝を仏前に供《そな》え、師匠にも寄付しましても、信心が欠けておりますならば、布施の功徳《くどく》はありませぬ。たとい紙一枚、銭半文《ぜにはんもん》も寄付を致しませんでも、本願他力に心をうち込《こ》んで信心が深いならば、それこそ弥陀の誓願の本意にかなうものでありましょう。

③すべてこういう誤ったことを言われる人は、俗世間の功利心もありますために、仏法にこじつけて、同じく念仏する人を脅《おびや》かされるのではなかろうかと思われます。

④右に述べました異説の条々は、いずれも、正しい信心がいただけていないために生じたものかと思います。故聖人から、こういうお話を承ったことがあります。法然上人御在世の頃、たくさんのお弟子がおられました中で、正しい信心の人はわずかしかおられませんでしたので、聖人は同門のお弟子達と論争をせられたことがありました。それは、聖人が「私の信心も、上人（法然上人）の御信心も同じであります」と仰せられましたところ、勢観房、念仏房などと申す同門のお方々が、思いのほかに反対せられまして「上人の御信心と、善信房（親鸞聖人）の信心が、どうして同じであるはずがありましょう」と言われましたので、「上人の博《ひろ》い御智慧・学問に対して、私が同じであると申しますのならば、それは誤りでありましょう。しかしお浄土へ生まれさせていただく信

心におきましては、まったく同じであります」と返答せられましたけれど、それでもやはり「どうして、そんなはずがありましょう」と言って納得《なっとく》せられませんので、結局これは、上人の御前で、双方の考えの正・不正を定めるのがよろしい、ということになりまして、この趣を申し上げましたところ、法然上人の仰せには「源空（法然上人）の信心も阿弥陀仏からいただいた信心であります。善信房の信心も阿弥陀仏からいただきなさった信心であります。それゆえ、まったく同じであります。源空の信心とは違う信心でおられる人は、源空が参るお浄土へは、よもやお参りなさらないでしょう」と仰せられたことでありましたから、近頃の念仏者の中にも、親鸞聖人の御信心と、違っておられることもあるのでしょうと思われます。

⑤以上申しましたことは、いずれも皆、言いふるした、珍しくもないことでありますけれど、書き記したことであります。いつ消えるかもしれないはかない命が、老衰《ろうすい》の身に、かろうじて残っております間にこそ、同じ道を進まれる方々のご不審をも承り、また故

聖人から承りましたことの趣をも、お聞かせ致しましょうけれど、私が眼《め》を閉《と》じました後には、さぞかしさまざまの異説が行なわれて、とりとめもないことでありましょうと、なげかわしく存じまして、書き残す次第でございます。将来、もしかような異説を主張せられる人に、言い迷わされたりせられることがありますならば、故聖人の思召《おぼしめし》にかなって、聖人がお用いになりました御聖教を、よくよくご覧なさるがよろしい。およそ、聖教には、真実の説と方便の説とが相混《あいま》じっております。方便の説を捨てて真実の説を用いるのが、聖人の御本意であります。よくよく注意をして、聖教の御趣旨を見誤らないようにしていただきたいと思います。大切な証拠になる御言葉を、少々抜き書きしまして、信心の標準《めやす》として、この書物《しょもつ》に添えさせていただきます。

⑥故聖人がいつも仰せられました御言葉に、「阿弥陀仏が、五劫の間《あいだ》思惟して立て給うた誓願を、よくよく考えてみまするると、まったくこの親鸞一人を助けんがためでありました。思えば、多くの罪悪《つみ》を有《も》った身でありましたのに、助けようと思い立って下されたた

本願の、ありがたさよ」と述懐せられましたことを、いままた改めて考えてみまするとこれは、善導大師が「自分は、いま現に罪悪《つみ》を犯し、生死の苦海に迷うている凡夫《ぼんぶ》であり、想像も及ばぬ遠い昔から今日まで、いつも迷いの世界にさまよい、いつも罪悪《つみ》にまみれていて、迷いを離れる因縁のない身である、と知れ」と仰せられました、あの不滅の聖語と少しも異なっておられませぬ。そうしてみまするとと、聖人の御述懐は、畏れおおくもご自身の御事として、じつは私どもが、自分の罪悪の深いことも知らず、仏の御恩の高いことも知らずに迷うておりますのを、気づかせて下さるためであったのであります。

⑦考えてみますれば、私どもはお互いに、仏の御恩ということを忘れて、「善い」「悪い」ということばかり申し合うております。聖人の仰せには「自分は『善い』も『悪い』も、どちらも、まったく知りません。それは、仏の御意《みこころ》に、これは善い、と思《おぼ》しめすほどに、徹底して知りましたならば、それは『善い』ということを知ったのでもありましょう。

仏が、これは悪い、と思《おぼ》しめすほどに、徹底して知りましたならば、それは『悪い』ということを知ったのでもありましょう。けれども、自身は、あらゆる煩悩《けがれ》をことごとく有《も》っているあさましい凡夫《ぼんぶ》であり、この世界は、たちまちに変化して、暫時《しばらく》も同じ形を保《たも》たない無常の世界であります。あらゆることは、みなことごとく、そらごとであり、たわごとでありまして、まことではありませんのに、ただ念仏だけは、変わることなきまことであらせられます」と仰せられました。

⑧実際、私どもはお互いにそらごとばかり申しておりますが、その中で殊に一つ悲しいことがありまする。それは、念仏致しますのについて、お互いに信心の趣をたずねあい、人にも言い聞かせます時に、相手の口を封《ふさ》ぎ、議論を打ち切るために、まったく聖人の仰せではないことを、一途に仰せであると言い張ることでありまして、まことに、あさましく、なさけなく存ずることでありまする。この趣を、よくよく了解し、納得していただきたいことであります。

⑨以上申し述べましたことは、決して私一個の勝手な言葉ではございませんけれど、お経や聖教の趣旨《おもむき》も知らず、教法の深い理《ことわり》を十分に尋《たず》ねたこともない身でありますから、定《さだ》めし可笑《おかし》いことでございましょうけれど、故聖人の仰せられました趣の百分の一、ほんの一端を思い出し奉って、書きつけたのでございます。

⑩幸いにして遇《あ》いがたい教えに遇うて念仏しておりながら、直にお浄土へ生まれることもできないで、暫時《しばらく》方便の土《くに》に留まるということは、まことに悲しいことでありまする。せめて、同じ念仏の教えを奉ずる人々の中に、誤った信心を有《も》ったりすることがないように、と思いまして、涙ながらに書き記ました。これに、歎異抄と名をつけましょう。誰にでも見せていただくべきものではありませぬ。

「歎異抄略註」本文索引（漢数字は章数 丸番号は節数）

あ

あかせる（明） 一二②
あきなひ 一三⑥
あさし 一二⑤
あさまし 一六⑥、一七①、一八⑧
―き罪人 一四②
―き身 一三⑤
あし（悪） 一三③、一八⑦
―きこと 一三②、一三③、一三⑦
―き 一八⑦
―ざまなること 一三④、一六①
よし― 一八⑦
朝夕 一六③
あそばされ 一三④
あた 一二⑤
あづかりて 六②
あづけしめ 一①
あはれに 一五⑤
あはれみ（哀） 三⑤、四①、九⑤
あはれむ 一二⑧
あひかなひ 一八⑤
あひだ 三③、一三③、一四③、一五③
一生の― 一四②、一四③
あひともなはしめ 一八⑤
あひまじはり 一八⑤
あみをひき 一三⑥
あやしく 九⑤
あやぶまん人 一二⑧
あやまり 二②
あやま（り）て 一二③、一二⑦、一二⑧
あゆび 一〇②
あらそはず 一二⑤
あらそひ 一八④
あらはれ 一五③
ありがたし 四①、一五③
あるひは 一三⑥
あるべからざる 六③
悪 一②、一三④、一三⑨
―をおそれざる 一三①
―をつくり 一三④
悪業 一三②、一三⑤
―煩悩 一三⑧
悪障 一四②、一五③
悪人 三①、三②、三⑤
―成仏 三⑤
―をたすけん 一六④
案じ 九③
―いだし 一一②
案ず 一八⑥
安養浄土の教主 一八②
安養の浄土 九④

い・ゐ

いかゞ 一二⑧
―あらん 一二③
―して 一四③
いかでか（争） 序①、一三⑤、一四②、一八④
いかなる悪 一三⑨
いかなる不思議 一四④
いかに 四②、九①、一二⑦、一三③、一八②
―いはんや 三②、一五③
いかにも〳〵 一二②

いかばかりのちから　一三⑦
いかやうに　一七①
いき(息)
　いづる―　一六③
　いる―　一六③
いさゝか(聊)　序③、九④
いそぎ
　―浄土のさとりを　五②
　―浄土へ　九①
　―仏になり　四①
　―まいりたき　九④、九⑤
いだける　一三⑥
いたましきこと　一八⑧
いづ(出)
　―るいき　一六③
　生死を―　一一②
いづれの行　一二④、一三⑤
いづれの証文　一七①
いづれも〳〵　五②、一八⑤
いでく(出来)　一六⑤
いとをし　四②
いのち
　―つきば　一六③
　―つきんまで　一四③
　―をつぐ　一三⑥
　人の―　一六③
いのる
　さとりを―　一五③
　臨終正念と―　一四⑤
いはんや　三①、三②、一五③
いはれ　三③、七②
　―なき条々　一〇②
いひいださる　一七①
いひをどさる　一二⑧、一八③
いひおどろかし　一一①
いひきかす　一八⑧
いゝひらかず　一一①
いひまぎらかす　一五⑤
いひまよはされ　一八⑤
いま(今)　一八⑥
　―の世　一二⑧
いましめらる　一三⑨
いまだ　一四①
いや(賤)し　一二⑤
いやしからん身　一二⑧
いよ〳〵　九③、九⑤、一二⑦、一二⑧、一四④、一六⑤
いるいき　一六③
色　一八②
異義　一〇②
易行　一二③
　―一門　序①
　―下根　一五②
意趣　三③
　御―　一〇②
一向専修のひと　一六②
　当時の―　一八④
一切衆生　一五③
一切の有情　五②
一切の事　一六③
一紙半銭　一八②
一室の行者　一八⑩
一生のあひだ　一四②、一四③
一乗
　法花―　一五②
一道
　無礙の―　七①、七②
一旦　三③
一定
　往生は―　九③、一三③
　往生はいよ〳〵―　一二⑦
一人　一三③

親鸞—がため　一八⑥
一念　一四①
—十念　一四①
—発起　一四②
—まうせば　一四①
一返　五①
一味　一五③
一門　序①
一文不通　一一①、一二③、一二⑤

う

うけたまはり　一〇②、一二⑤、一七②、一八⑤
うけたまはる　一六⑥
うたがひ　一二⑦
—のつみ　一七②
願力を—　一六④
うたがふ(疑)
本願を—　一三②、一七②
うち(内)　一三⑥
卯毛羊毛　一三②
うまる　二③
うみかは　一三⑥
有縁知識　序①
有縁を度す　五②
有情　五②

え・ゑ

ゑらぶ
老少善悪の人をえらばれず　一②
廻向　五②
廻心　一六②、一六③
—して　一六③
—すべし　一六①
恵解　一五③
要
信心を—とす　一②
他の善も—にあらず　一②
往生の—　二②、一二②
縁
有—　序①、五②
業—　一三③、一三⑥
出離の—　一八⑥
娑婆の—　九④
つくべき—　六③
はなるべき—　六③

お・を

おかし(犯)
あしざまなることも—　一六①
罪業を—　一四④
をかしきこと　一八⑨
をこり(起)　一八④
をさなき　一三⑨
をさめ(摂)　一四②
おしへ
善知識の—　一四①
お(を)つ(堕)
地獄に—　二③、二④、一七①
をどさる　一二⑧、一八③
おとり(劣)　一二④
お(を)どり
地に—　九③
天に—　九③
おどろかし　一一①
お(を)なじ(同)
—こゝろ　九②
—こゝろざし　一〇②
—こと　一三⑥
—御信心　一八④

各の　二①
おはし　一八④
—ます　一〇②、一二③、一六③、一八④
—まさん　一八④
—まさず　一八⑥
座せられ　二②
をはらん　一四③
をはる　一四④、一六③
おぼゑ　一二⑦、一三③
おぼしめしたち　一八⑥
おぼしめす　一八⑦
おほせ(仰)　二⑤、九③、一〇①、一三③、一三⑥、一八④、一八⑧
—ごと　一八⑨
—に　一五⑥
—られあふ　一〇②、一八⑤
故上人の—　一二⑦、一三②
上人の—　一〇②、一八⑤
常の—　一八⑥
法然の—　二⑤
法然上人の—　一八④
よきひとの—　二③
おぼゆ　九④
おほよそ　一三⑧、一五③、一八⑤
おもひ(思)　一三⑧
—いだし　一六⑥、一八⑨
—しらせん　一八⑥
—たつ　一①
—とおもふ　一四③
—わく　一一①
かしこき—　一六⑥
柔和忍辱の—　一六③
おもふがごとく　四①
おもむき(趣)　序③、一二⑧、一八⑤、一八⑧、一八⑨
信心の—　一八⑧
およばざれば　一二⑤
をよばず　一四①
およぶ　七②
おろそかに　九①
応化の身　一五④
(往→わ)
恩
御—　一四④、一六⑥、一八⑥、一八⑦
師の—　六④
如来大悲の—　一四②
仏—　六④
弥陀の御—　一六⑥
御(おん)
—こゝろ(意)　一二⑧、一八⑤、一八⑦
—こと　一八④
—さまたげ　一二⑤
—聖教　一八⑤
—智慧　一八④
—弟子　一八④
—とき　一八④
—なか　一八④
—はからひ(計)　二⑤、一一②
—前　一八④
—身　一八⑥
—用　一八⑤
—物語　序③、一八④
—やくそく　一一②
怨敵　一二⑧
遠離　一二⑥

か・が

かきつけ　一八⑤、一八⑨
かぎり
業報—ある　一四③

かく(欠)
　信心―る　一二⑧
かくのごときき　九③
かくのごとく　一五⑤
かけ(欠)　一六④
　信心―たる　一七②
　信心―なば　一八②
重て　一三③
かしこきおもひ　一六⑥
かずをしらず　一〇②
かたじけなく　一八⑥
かたじけなさよ　一八⑥
かたち　一八②
かたはしばかり　一八⑨
かつは　一二⑥、一八②
かなしきかなや　一八⑩
悲　四①
かなひぬべき　一三③
かなふ　一四③
かならず　一二⑦、一六①
　往生―べからず　一六②
かね(兼)て　九③、一二⑦、一二⑧
かの土　九④
かは(川)　一三⑥
かはりめ　四①
かひ
　―なきひと　一二⑤
　学生の―　一二⑧
かふむりて　二③
返々も　六③、一一①
かへりて　一三⑨
かへりみず　二①
かまえて〳〵　一八⑤
かまへられ　一二⑧
かり(狩)　一三⑥
開覚　一五②
戒行恵解　一五③
害せざる　一三③
害せじ　一三③
覚月　一五③
覚悟　序②
学匠(生)　二②
　―だつる人　一七①
　―のかひ　一二⑧
学せざる　一二①
学問(文)　一二②、一二③、一二⑧
感得(徳)　一五②
(果→く)
(歓→く)
(願→ぐ)

き・ぎ

きかせ　一八⑤
きこゑ　一三④
岸
　報土の―　一五③
きづな
　生死の―　一四③
きはめたる　六②
きはめて　一五③
義　一〇①、一八④
　かくのごときの―　一八⑤
　不足言の―　一二②
　無―　一〇①
疑城　一一④
疑難　一八④
疑惑　序①
器量　一二⑤、一三③
旧里　九④
行
　いづれの―　二④、三⑤
　四安楽の―　一五②

自余の— 二④
檀波羅蜜の— 一八②
行者 八①、八②
一室の— 一八⑩
信心の— 七②、一六①、一七③
信心かけたる— 一七②
同心— 序③
行ず 八②、一五③
経釈 一二①、一二②
—のゆくぢ 一二③、一八⑨
経論聖教 一七①
軽重 一四①
敬伏 七②
兄弟 五②
虚言 二⑤
金言 一八⑥
近来 一〇②

く・ぐ

くすり 一三④
口(くち) 一六④
人の—をふさぎ 一八⑧
くらゐ
定聚の— 一四②
くりごと 一八⑤
企 一二④
久遠劫 九④
苦海 一五③
苦痛 一四③
苦悩の旧里 九④
口伝 序①
愚案 序①
愚身 二⑤
具足 一三⑨、一五④
煩悩— 三⑤、九③、一八⑦
具足し 一一②
三十二相八十随形好をも具足して 一五④
具せず
煩悩不浄具足せられて 一三⑨
かしこきおもひを— 一六⑥
果遂の願 一一④
火宅無常の世界 一八⑦
化土 一七③
化仏 一八②
外見 一八⑩
外道 七②
光明
尽十方の無礙の— 一五③
弥陀の— 一四②
広大 一二⑧
曠劫 一八⑥
荒涼 六②
決定
信心も— 一三⑦
往生は— 九⑤
歓喜 九①、九⑤
観念成就のさとり 一五②
願 一②、一三④、一六④
—にほこらる 一三⑨
—にほこる 一三⑦、一三⑧
—の不思議 一三③
—の本意 一八②
—をおこし 三⑤
五劫思惟の— 一三⑧、一八⑥
摂取不捨の— 一四④
願船 一五③
願力
—をあをぎ 一六⑤
—をうたがひ 一六④
—をたのみ 一六④

け・げ

げ　一三⑨
けし
　つみを―　一四③
げに　一三⑤
下根
　―の凡夫　一二⑤
　易行―のつとめ　一五②
解脱
　生死を―　一四②
懈慢　一一④
仮をさしをいて　一八⑤
教主　一八②
教法　一二⑤
孝養　五①
堅固　一五⑤
賢善精進　一三⑥
現じ　一五④
現に　一八⑥
源空→法然
（化→く）
（外→く）
（決→く）

こ・ご

こゝち　一六②
こゝろ（心・意）　一①、三③、三④、九①、九④、九⑤、一〇②、一三⑦、一六④
―え　一八⑧
―えざる　一二②
―えらる　一八⑧
―えわけ　一八⑨
―をさなきこと　一三⑨
―をとゞめ　一一①
―をなげて　一八②
―をまどはす　一一①
―にくゝ　二②
―にまかせたる　一三③
―のよきをば　一三③
―ぼそく　九④
おなじ―　九②
日ごろの―　一六②
もとの―　一六②
よき―　一三②
よろこぶべき―　九③
わが―　一一③、一三③
御（おん）―　二①、一二⑧、一八⑤、一八⑦
自力の―　三④、一四⑤
柔和忍辱の―　一六⑤
本願にほこる―　一三⑦
踊躍歓喜の―　九①、九⑤
こゝろざし　二①、一〇②
こぞりて　一二⑤
ことをこり　一八④
ことをよせ　一八③
こと〴〵く　一四②
ごとく　一五④
ことなる（異）　序①、一一②
信心―　一八⑩
信心の―　一八④
ことに　九⑤
ことば（言）
私の―　一八⑨
ことはり（理）
この―　一二②、一八②
自然の―　六④、一六⑤
このかた　一八⑥
このみて　一三④
こひしからず　九④

ころしつべし　一三③
ころしてんや　一三③
ころす　一三③
ころせ　一三③
枯草　一八⑤
古今　序①
古上人→親鸞
故上人→親鸞
古親鸞→親鸞
虚仮　一三⑥
虚妄　一七③
期　一四④
後世者ぶり　一三⑥
五劫思惟の願　一三⑧、一八⑥
五逆　一四①
御意趣　一〇②
御恩
　―を報じ　一四④
　如来の―　一八⑥、一八⑦
　弥陀の―　一六⑥
御在生　一〇②
御さまたげ　一二⑤
御相論　一八④
御述懐　一八⑥

御信心　一八④
御身量　一八②
御消息　一三④
御同朋　一八④
御不審　一八⑤
御本意　一二⑤、一二⑧、一八⑤
御返答　一八④
御らん　一八⑤
劫
　久遠―　九④
後学　序①
後悔　二④
口論　一六①
興盛　九④
（孝養→けう）
業
　―縁　一三③、一三⑥
　―苦　五②
　―報　七②、一三⑦、一四③
　悪―　一三②、一三⑤
　宿―　一三②、一三⑦
　そくばくの―　一八⑥
　地獄におつべき―　二③
　往生の―　一一③、一三④

黒　一八②
黒雲　一五③
極楽　二①
今生　四②、一五③、一五④、一五⑥
金剛堅固の信心　一五⑤
金剛の信心　一四②
権仮　一八⑤
権をすて、　一八⑤
（光→く）
（廣→く）
（曠→く）
（荒→く）

さ・ざ

幸（さいわい）に　序①、一八⑩
境　二①
さこそ　一六④、一八⑤
さしをいて
　仮を―　一八⑤
さしはさみ　一一③
さしまかせて　一三⑦
さすが　一六④
さだまる
　信心の―　一五⑤

信心さだまりなば　一六⑤
さだむ　一八②、一八④
なだめて　一八⑨
さとり　一四④、一五③
―をひらき　五②
―をひらく　一四④、一五①、一五④、
一五⑥
観念成就の―　一五②
順次生の―　一五③
報土の―　一七②
法性の―　一八②
さとらしめ　一四②
さとる　一五⑤
さはり　一一③
往生の―　一三④
さまたげ
御―　一二⑤
さらに　二④、一一②、一二⑤、一八⑨
さるべき　一三⑥
さんさふらふ　一三③
作善　三③
さたなくして　一八⑦
才覚　一八④
最上の法　一二⑤

罪悪　七②
―生死の凡夫　一八⑥
―深重　一②
―の深きほど　一八⑥
罪業
―をおかし　一四④
―の身　一三⑦
罪人
あさましき―　一四②
十悪五逆の―　一四①
在生
御―　一〇②
相
賢善精進の―　一三⑥
相応し
本願に―　一一②、一二⑧
相続　序①
相論　六①、一八⑧
御―　一八④
散　序③
三十二相　一五④
三蜜（密）行業　一五②

し・じ

しかしながら　一二④
しかるを　一六⑥
し、（獣）　一三⑥
したがひ　一四④
しづむ
業苦にしづめり　五②
つねにしづみ　一八⑥
しどけなきこと　一八⑤
死なんずるやらん　九④
しめ
あづけ―　一①
あひともなは―　一八⑤
をさめ―　一四②
きたら―　二①
さとら―　一四②
しらざるひと　一六②
しりとをしたらば　一八⑦
しる（知）　一五⑤
しる（注）す　序③、一八⑩
しれ（知）　一八⑥
しろしめし　九③
師　六③

―の恩　六④
師匠　一八②
四安楽の行　一五②
四生　五②
思惟　一三⑧
子細　二③、一〇②、一一①、一八④
始終なし　四②
熾盛　一②
自行　一一③
自見覚悟　序②
自身　一八⑥
自他の是非　一八④
自然　一六①、一六⑥
―の理(ことはり)　六④、一六⑤
自余の行　二④
自余の教法　一二⑤
自力
―をすてゝ　五②
―をはなれ　八②
―作善　三③
―のこゝろ　三④、一四⑤
慈悲　四①、四②
聖道の―　四①
浄土の―　四①
実報土　一一②
実をとり　一八⑤
十悪五逆
―の軽重　一四①
―の罪人　一四①
十念　一四①
一念―　一四①
十余ヶ国の境　二①
(十八十億号→と)
謝す
徳を―　一四②
邪見　一三④
邪執　一三④
生
辺地の―　一六④
生死
―をいづべし　一一②
―を解脱す　一四②
―をはなる　三⑤、一三⑤
―をはなれん　一二⑤
―をばへだて　一五⑤
―をへだてける　一五⑤
―のきづな　一四③
―の苦海　一五③
罪悪―の凡夫　一八⑥
生々　五②
生ず　一一④
辺地に生じて　一七②
聖教　一二②、一七①、一八⑤
―の本意　一二②
御―　一八⑤
聖道
―浄土のかはりめ　四①
―の慈悲　四①
聖道門　一二③
―のひと　一二④
正因　三⑤
正念　一四③
臨終―　一四⑤
青黄赤白黒　一八②
精進　一三⑥
清浄
六根―　一五②
証果　一五②
証文　一二③、一二⑥、一七①
大切の―　一八⑤
障礙　七②
上人→法然

上人→親鸞
上根
　―のひと　一二⑤
　難行―のつとめ　一五②
（少→せ）
（小→せ）
（消→せ）
乗じて　一五③
浄土　二③、四①、九①、九⑤、一八④
　―真宗　一五⑥
　―のさとり　五②
　―の慈悲　四①
安養―　一八②
安養の―　九④
他力―の宗旨　一五②
浄穢　一二⑧
照護して　一五⑤
浄侶　一五③
諍論　一二④、一二⑥
成就
　観念―のさとり　一五②
成仏
　悪人―　三⑤
　即身―　一五②

釈
　御―　二⑤
　経―　一二①、一二②、一二③、一八⑨
釈尊　二⑤、一五④
赤白黒　一八②
修善　一六②
種々の応化の身　一五④
衆生　一②、一二⑦
　―を利益す　四①
　一切―　一五③
宗
　その―　一二⑤
　ひとの―　一二④
　我―　一二④
宗旨
　他力之―　序②
　他力浄土の―　一五②
宿業
　―をこゝろゑざる　一三②
　―のもよほすゆへ　一三②、一三⑦
　善悪の―　一三②
宿善　一三②
出離の縁　一八⑥
述懐
　御―　一八⑥
順次の往生　一二③
諸善　七②
諸仏　一二⑤
諸門　一二⑤
書　一八⑤
所為　九③、九④
所労　九④
信を一にして　一〇②
信心　二⑤、六③、一八④
　―を要とす　一②
　―かけたる行者　一七②
　―かけなば　一八②
　―決定の道　一五②
　―異こと　一八⑩
　―さだまりなば　一六⑤
　―の趣　一八⑧
　―の行者　七②、一六①、一七③
　―の異より　一八④
　―のさだまるとき　一五⑤
　―ふかくば　一八②
　―も決定　一三⑦
　源空が―　一八④
　御―　一八④

金剛堅固の―　一五⑤
金剛の―　一四②
上人の御―　一八④
善信が―　一八④
善信房の―　一八④
他力の―　一二⑧、一四⑤
如来よりたまはらせたまひたる―　一八④
如来よりたまはりたる―　六③、一八④
別の―　一八④
往生の―　一八④
信じ
今生に本願を―て　一五⑥
生死をいづべしと―て　一二②
誓願不思議を―て　一一①
念仏をとりて―　二⑤
本願を―　一二②
往生をばとぐるなりと―　一①
信ぜん
つみをほろぼさんと―は　一四③
本願を―には　一②
本願を―のみぞ　一三⑧
信ぜざる
名号の不思議をもまた―　一一③
信ず
重罪を滅すと―べし　一四①
本願を―べくは　一三⑤
信ずる
この法をば―衆生も　一二⑦
名号不思議を―　一一①
仰をかふむりて―　二③
わがいふことをば―か　一三③
われらが―ところ　一四①
信ずればたすかる　一二⑤
真をもちいる　一八⑤
真言　一五③
真言秘教　一五②
真宗
浄土―　一五⑥
本願他力―　一六②
真信　序①
真実権化(仮)　一八⑤
真実報土の往生　三④
親鸞　二③、二⑤、五①、六②、九②、一三③、一八④
―一人がため　一八⑥
―の御信心　一八④
古親鸞　一八⑨
故親鸞聖人　序③
古上人　一八④、一八⑤
故上人　一二⑦、一三②、一五⑥
上人　一〇②、一八⑤、一八⑦
聖人　一三⑥、一八⑤
先師　序①、一二⑧
身
応化の―　一五④
身命　二①
身量
御―　一八②
心光照護　一五⑤
尽十方の無礙の光明　一五③
神通方便　五②
深重
御恩の―なること　一六⑥
罪悪―　一②

す・ず

すゑとをりたる　四②
すかされ　二④
すくなきゆへに　一七③
すくなく　一八④

すくはれがたし　一三⑦
すぐる(過)　一三⑥
すぐれ(勝)　一二④、一二⑤
すこぶる　一二②
すゝめいれ　一七③
捨つ
　苦悩の旧里はすてがたく　九④
　権をすて　一八⑤
　自力をすて　五②
　(念仏を)すてん　二⑤
すてたまはざれば　一五⑤
すでに　一四②、一四③、一五①
すなはち　一①、一三③、一三⑧
すべて　一六⑥、一八③
すみか　二④
すみやか　一四④、一五③

せ・ぜ

せむ
　病悩苦痛せめて　一四③
世界
　火宅無常の―　一八⑦
世間の欲心　一八③
世々生々　五②
施入物　一八①
是非
　自他の―　一八④
勢観房　一八④
誓願　一一②、一六③
　―不思議　一①、一一①、一一④
　―の不思議　一一②、一一③
　摂取不捨の―　一六③
小念　一八②
小仏　一八②
少々　一八⑤
消息
　御―　一三④
説教　二⑤
説法利益　一五④
摂取して
　ひとたび―　一五⑤
摂取不捨
　―の願　一四④
　―の誓願　一六③
　―の利益　一①
せんずるところ(所詮)　二⑤、一八④
詮なく　一三⑧
詮なし　一八②
浅深　一八⑨
千人　一三③
先師→親鸞
専修
　―念仏のともがら　六①
　―念仏のひと　一二④
　一向―のひと　一六②
　一向―のひとぐ〵　一八④
善　五②、八②
　他の―　一②
善悪
　―浄穢　一二⑧
　―の宿業　一三②
　―の二　一一③、一八⑦
　不簡―　一五②
　老少―の人　一②
善信(房)→親鸞
善知識　一四①
善人　三①、三②、三⑤
善導　二⑤、一八⑥

そ・ぞ

そえ(添)　一八⑤
そくばくの業　一八⑥

そしられん　一二⑦
そしりをやめ　一二⑧
そしる　一二⑦
そなへざらん　一三⑤
そのかみ　一三④
そむく　一二⑧
そむけり　三③
そも〱　一〇②
そらごと　一八⑦、一八⑧
惣じて　二③、一八⑦
即身成仏　一五②
存知　二③、四②、一八⑦
存知し　二②、一二⑧

た・だ

たかき（高）
　如来の御恩の―　一八⑥
たがひに　一八⑧
たがはせ（違）　一八⑥
たがふまじ　一三③
宝物　一八②
たすかる
　信ずれば―　一二⑤
たすけ（助）
―がたければ　四②
―とぐること　四①
願の不思議にて―たまふ　一三③
仏になりて―　五②
父母をも―　五②
よからんものをこそ―　一六④
往生の―さはり　一一③
たすけん
―とおぼしめし　一八⑥
悪人を―　一六④
悪をつくりたるものを―　一三④
衆生を―　一②
たすけられ
大悲大願の不思議に―　一一②
誓願の不思議に―　一①
たゞ
―をなじこと　一三⑥
―自力をすて　五②
―信心を要とす　一②
―念仏して　二③
―念仏のみぞ　一八⑦
―ひとたび　一六②
―一なり　一八④
―一なるべし　一一④
―ほれ〴〵と　一六⑥
たゞいま　一四④
たゞし（但）　一四③
たつ（断）
　たゝんため　一八⑧
たづねきたらしめ　二①
たとひ　二④、一二⑤
たとへば　一三③
たね
　浄土にうまるゝ―　二③
たのみ
　願を―　一四④
　願力を―　一六④
　他力を―　三④、三⑤、一六④
　本願を―　一三⑦、一六②
たのむ
　他力を―　三③、一三⑦
たのまず
　誓願の不思議をば―　一一③
たのもし　九⑤
たまたま　一二⑧
たまはらせ
　如来より―　一八④
たまはり

―たる信心　六③、一八④
信心を―ぬれば　一四②
弥陀の智慧を―　一六②
たもちやすく　一一②
たれの人　一二⑤
たわごと　一八⑦
多少　一八①
他　一二⑧
他の善　一②
他力　八②、一三⑦
―をたのみ　三④、三⑤、一六④
―をたのむ　三③、一三⑦
―に心をなげて　一八②
―の信心　一二⑧、一四⑤
―の悲願　九③
―之宗旨　序②
―浄土の宗旨　一五②
―真実　一二②
本願―　三③
本願―真宗　一六②
(田→で)
胎宮　一一④
退転　一四③
大切の証文　一八⑤

大願　九⑤、一一②
大慈大悲心　四①
大慈悲心　四②
大小仏　一八①
大小の分量　一八②
大念　一八②
大仏　一八②
大悲心　四①
大悲大願　九⑤、一一②
大悲の恩　一四②
当時　一二④、一三⑥、一八④
当来の報土　一〇②
道
信心決定の―　一五②
道場　一三⑥
歎異抄　一八⑩
断悪修善　一六②
断じつくし　一三⑧
断じ　一三⑧
煩悩悪障を断ぜん　一五③
煩悩を断じ　一三⑧
檀波羅蜜の行　一八②

ち・ぢ

ちかづく　一四④
ちから　一三⑦
―なく　九④
ぢきに　一八⑩
智慧
御―　一八④
弥陀の―　一六②
智識
有縁―　序①
智者　一二⑥
地祇　七②
地獄　二③、二④、一七①
地にをどる　九③
持戒　一三⑤
持律　一三⑤
重罪　一四①
住す
名聞利養のおもひに―るひと　一二③
正念に住せず　一四③
柔和忍辱の思にも住せざらんさきに　一六③

長短方円の形　一八②
定聚のくらゐ　一四②
（条→で）

つ・づ

つひ（い）に　一一④、一七①、一七③
つき（尽）
　いのち—ば　一六③
　いのち—んまで　一四③
　娑婆の縁—て　九④
つき（着）
　報土の岸に—　一五③
つぐ（継）
　いのちを—　一三⑥
つく（尽）し　一三⑧
つくべき縁　六③
つぐのひて（償）　一七②
つくられ（造）　一三⑤
つくり（造）　一三④、一三⑥
つたへうけたまはる　一〇②
つゝしんで　一二⑧、一三③
つとめ
　易行不根の—　一五②
　難行上根の—　一五②
つねに
　—しづみ　一八⑥
　—流転して　一八⑥
つねは　一六⑥
常の仰　一八⑥
つみ（罪）　一三②、一三⑦、一四③
　—をけして　一四③
　—をつぐのひて　一七②
　—をほろぼさん　一四③
　—を滅せん　一四⑤
　—きゑざれば　一四③
　うたがひの—　一七②
　八十億劫の—　一四①
つり（釣）　一三⑥
つる（連）
　ひとにつれて　六③

て・で

てらされ　一四②
弟子　六②
　御—　一八④
　人の—　六①
　我—　六①、六②
条
　いはれなき条々　一〇②
　こゝろえざる—　一二②
　この—　三③、一一①、一二②、
　　一三②、一四①、一五①、一六②、
　　一七①、一八①
　右の条々　一八④
転じ
　煩悩悪障を—　一四②
天神地祇　七②
天におどり　九③
田畠　一三⑥

と・ど

とをし（通）
　しり—　一八⑦
とく（説）
　とかれて　一八②
　ときをかせ　一二⑦
　ときかせ　一二⑧
とぐ（遂）
　往生を—　三④、一四④、一七①
　往生をば—　一①
　往生をとげ　一六③
とても　二④

となへやすき　一一②
となへやすからん　一二③
となへん　一一②
十八十億劫　一四①
とも
　いふ―　一二⑤
　をはる―　一四④
　おもふ―　四②
ども
　いへ―　一二②、一五③
　さふらへ―　一八⑤
ともがら　六①、一〇②、一一①、
　一二①、一三⑥
ともないて　一〇②
鳥　一三⑥
とる(取)
　実をとり　一八⑤
　念仏をとり　二⑤
　やどをとらん　一八⑩
とりかへさん　六③
土
　かの―　九④、一五⑥
度す　五②
同時　一〇②
同心行者　序③
同朋　一八③
　―同侶　一六①
　御―　一八④
　御―達　一八④
同侶　一六①
(当→た)
徳を謝す　一四②
毒をこのむべからず　一三④

な

なか
　御―　一八④
ながく　一五⑤
なく〳〵　一八⑩
なげ(投)
　他力に心を―て　一八②
　仏前にも―　一八②
なげく
　なげきおもひ　一六④
　なげきぞんじ　一八⑤、一八⑧
なごりをしく　九④
名づけて　一八⑩
なにをもてか　一八②
なにごゝろもなく　一二⑧
なにごとも　一三③
なほ(を)　三②、一八④
　―も(ち)て　三①、一五③
なむ〳〵のこと　一三⑥
ならひ　一五⑥
なんぢ　一一①
南都　二②
難行　一二③
　―上根　一五②

に

にくひ気　一二⑤
柔和忍辱のこころ　一六⑤
柔和忍辱の思　一六③
如来　六③、一七③、一八④、一八⑦
　―大悲の恩　一四②
　―の御恩　一八⑥、一八⑦
　―の御意　一八⑦
　―の御はからひ　一一②
　―の御本意　一二⑧
忍辱　一六③、一六⑤

ぬ

ぬきいだし　一八⑤

ね

念仏　一②、二②、二③、二④、二⑤、八①、一一②、一一③、一二⑤、一四②、一六⑥
—を廻向して　五②
—をまうさずして　一四①
—をまうさせ　六②
—をまうさば　一二②
—をまうして　二④
—して　二③、二④、四①
—しながら　一八⑩
—する人　一二⑧
—すれば　六③
—せずして　一四④
—退転せずして　一四③
—には　一〇①
—のまうされんも　一四④
—のみぞまこと　一八⑦
—まうさるる　一〇②
—まうさんごとに　一四③
—まうさんと　一①
—まうし　五①、六②、九①
—まうす　一一①、一三⑥、一四③、一八②、一八⑧
—まうすのみぞ　四②
たゞ—して　二③
専修—　六①、一二④
念仏者は　七①
念仏房　一八④

の

のち(後)　一七②、一八⑤
野やま　一三⑥

は・ば

はからひ(計)　六②
御—　二⑤、一一②
みづからの—　一一②、一一③
我—　六②、八②、一六⑤
はからふ　一三②
弥陀にはからはれまいらせ　一六⑤
はぐゝむ　四①
はげむ　一四③
はげみて　二④、一一③
はげまし　一〇②
ばし
このことはりなんどに—　一八②
はなるべき
—縁　六③
生死を—　一三⑤
はなれなば　一八②
はれ(晴)　一五③
はらをもたて　一六①
はやく　一五③
はりぶみ　一三⑥
破謗　一二④
波羅蜜
檀—　一八②
方円　一八②
方便法身　一八②
謗
—法　一二④
信—　一二⑦
八十億劫の重罪　一四①
八十随形好　一五④
半銭　一八②

ひ・び

ひがごと　一八④
ひきかけ　一八②、一八⑥
ひきかへて　一六②
日ごろ　一四①、一六②
　—のこゝろ　一六②
竊　序①
羊毛　一三②
ひと(人)　一二⑤、一五④、一六②、
　一六⑥、一七①、一八④、一八⑧
—を千人ころしてんや　一三③
—のいのち　一六③
—のくちをふさぎ　一八⑧
—の宗　一二④
—の弟子　六①
—人　二②、一〇②、一三⑨、一八⑤
一向専修の—　一六②
我も—も　一八⑦、一八⑧
ひとたび　一五⑤
　ただ—　一六②
一　一八⑧
一ならぬ　一八④
一ならん　一八④
一なり　一八④
一にして　一〇②、一一②
一にはあるべきぞ　一八④
ひとへに　二①、三③、六②、八②、
　一二⑧、一三⑦、一八⑥
ひらく
　さとりを—　一五①、一五④、一五⑥、
　　一七②
　さとりをひらいて　一八②
　さとりをひらかんずる　一四④
ひるがへして　三④
ひろく　一八④
比興　一八①
秘教　一五②
非行　八①、八②
非善　八①、八②
悲願　一四②
　—の広大のむね　一二⑧
　他力の—　九③
病悩　一四③
白　一八②
百人　一三③
百分が一　一八⑨

ふ・ぶ

深し
　罪悪の深きほどをも　一八⑥
　信心ふかくば　一八②
ふさぎ　一八⑧
二様　一一③
筆をそめて　一八⑩
ぶり
　後世者—　一三⑥
ふるまひ　一三⑥
不可称不可説不可思議　一〇①
不可説　六③、一八①
不簡善悪　一五②
不思議　一一①、一一②、一三①、一六④
　—のこと　一四③
　いかなる—　一四④
　願の—　一三③
　誓願—　一①、一一①、一一④
　誓願の—　一一②、一一③
　大悲大願の—　一一②
　名号—　一一①、一一④
　名号の—　一一②、一一③
不定

往生―　一二①
不浄　一三⑨
不審　序③、九②
御―　一八⑤
不足言　一二②
不便　四②、一二②
父母　五②
―の孝養　五①
仏　五②、九③、一二⑦、一三⑧
―になり　一三⑧
―になる　一二②
―の怨敵　一二⑧
仏恩　六④
仏説　二⑤、一二⑦
仏前　一八②
仏法
―にことをよせ　一八③
―の方（かた）　一八①、一八②
分明に　一一①
分量　一八②

へ・べ

へだて　一五⑤
閉眼　一八⑤
別
―に　一六⑥
―の子細　二③
―の信心　一八④
返答
御―　一八④
辺地　一一④
―に生じて　一七②
―にやどをとらんこと　一八⑩
―の生　一六④
―の往生　一七①

ほ・ぼ

ほか（外）　一三⑥
ほこる
願にほこらる　一三⑨
願にほこりて　一三⑦
願にほこる　一三⑧
げにほこられさふらへ　一三⑤
本願にほこる　一三⑦
本願ぼこり　一三①、一三⑨
ほこらぬ　一三⑨
ほど（程）　一六④
（仏→ぶ）
施す　一八②
ほれ〴〵と　一六⑥
ほろぼさん　一四③
報じ
御恩を―　一四④
大悲の恩を―　一四②
報土
―に生ずるは　一一④
―にむまれずして　一八⑩
―の岸　一五③
―のさとり　一七②
実―　一一②
当来の―　一〇②
北嶺　二②
発起
一念―　一四②
法
―の魔障　一二⑧
この―　一二⑦
最上の―　一二⑤
不簡善悪の―　一五②
わが―　一二④
法花
―一乗　一五②

—を行ずる　一五③
法性の覚月　一五③
法性のさとり　一八②
法身
　方便—　一八②
法敵　一二④
法然　二⑤
　—上人　二④、一八④
　源空　一八④
　上人　一八④
法文　二②、一八⑨
本
　さとりをひらく—　一五④
本意　一四⑤
　聖教の—　一二②
　願の—　一八②
　願をおこしたまふ—　三⑤
　御—　一二⑧、一八⑤
　真言秘教の—　一五②
本願　一一②、一二②、一三⑤
　（願）　一②、三⑤
　—を疑　一三②、一七②
　—を信じ　一二②、一五⑥
　—を信ずべくは　一三⑤
　—を信ぜんには　一②
　—を信ぜんのみぞ　一三⑧
　—をたのみ　一三⑦、一六②
　—他力　三③
　—他力真宗　一六②
　—に相応して　一一②、一二⑧
　—には　一二⑧
　—にほこる　一三⑦
　—のかたじけなさよ　一八⑥
　—の旨　一二②
　—ぼこり　一三①、一三⑨
　弥陀の—　一②、二⑤、三③、一二⑧、一三①
煩悩　九④、九⑤、一三⑧
　—悪障　一四②、一五③
　—を断じ　一三⑧
　—具足　三⑤、九③
　—具足の凡夫　九③、一八⑦
　—具足の身　一五①
　—熾盛　一②
　—の黒雲　一五③
　—の興盛　九④
　—の所為　九③、九④
　—不浄　一三⑨
　悪業—　一三⑧
　諸の—　一二⑥
凡夫
　下根の—　一二⑤
　罪悪生死の—　一八⑥
　煩悩具足の—　九③、一八⑦

ま

まいらんずる　一八④
まいりたき　九④
まいる　九④
まうされんも　一四④
まうしあげ　一八④
まうしあひ　一八⑧
まうしいれて　九①
まうす　一一③
まうせば　一二⑦、一四①
まかせたる　一三③
まぎらかす　一五⑤
まこと　一二⑦、一八⑦
　—に　二③、一二②、一八⑦、一八⑧
まじ　一三③
まして　三⑤
まじはらざる　一一②

まします　一六④
また(全)く　序②、一三④、一八④、
　一八⑧
また(待)ず　一六③
まちえて　一五⑤
まどはす　一一①
前　一八④
まよえらんひと　一二②
まよはす
　まよはさんとす　一二⑧
　いひまよはされなんど　一八⑤
まよへる　一八⑥
魔界　七②
魔障　一二⑧

み

身　二④、一三⑤、一五④、一八⑥
　あさましき―　一三⑤
　いやしからん―　一二⑧
　御―　一八⑥
　枯草の―　一八⑤
　この―　一三③、一五④
　罪業の―　一三⑦
　出離の縁あることなき―　一八⑥
　そくばくの業をもちける―　一八⑥
　煩悩具足の―　一五①
見る
　みえ　一七①
　見たてまつる　一八②
乱　序②
見なされ　一七①
　見みだらせたまふまじ　一八⑤
みち(道)
　往生極楽の―　二①
　往生の―　二②
みづから　一二④、一二⑤、
　一二⑧
　―のはからひ　一一②、一一③
みな(皆)
　―こと〴〵く　一四②
　―もて　一八④、一八⑦
耳底　序③
弥陀　一三⑦
　―にたすけられ　二③
　―にはからはれ　一六⑤
　―の御もよほし　六②
　―の願船　一五③
　―の光明　一四②
　―の御恩　一六⑥
　―の五劫思惟の願　一八⑥
　―の心光　一五⑤
　―の誓願不思議　一①
　―の大悲大願　一一②
　―の智慧を　一六②
　―の本願　一②、二⑤、三③、
　　一二⑧、一三①
名号　一一②、一二③
　―不思議　一一①、一一④
　―の不思議　一一②、一一③
名字　一一②
名聞利養　一二③
命終すれば　一四②
命終のとき　一四①

む

むかし　一〇②
むかへとらんと　一一②
むなしかる　二⑤
むなしく　一六③、一七③
むね(旨)　二⑤、一二⑦、一二⑧、
　一八⑧
　―と　一一②

—とす　一二③、一二⑧
他力真実の—　一二②
本願の—　一二②
むまれざる　九④
むまれずして　一八⑩
無義をもて義とす　一〇①
無礙の一道　七①、七②
無礙の光明　一五③
無常
火宅—の世界　一八⑦
無生忍　一四②

め

廻　序①
目安　一八⑤
滅罪の利益　一四①
滅す　一四③
つみを滅し　一四①
つみを滅せん　一四⑤
重罪を滅す　一四①
面々　二⑤

も

用
御—　一八⑤
真をもちいる　一八⑤
も(ち)て
この身を—　一五④
惣じて—　二③、一八⑦
なを—　三①、一五③
みな—　一八④、一八⑦
もてのほか
—に　一八④
—のこと　一五①
—の子細　六①
も(ち)とも　三⑤、一二②、一六④
もとのこゝろ　一六②
ものしりがほ　一六⑥
物語
御—　序③、一八④
もよほし
弥陀の御—　六②
もよほす
業縁のもよほせば　一三⑥
宿業のもよほすゆへ　一三⑦
もろもろ(諸)
—の聖教　一二②
—の煩悩　一二⑥
—の煩悩悪障　一四②
問答　一二⑧、一八⑧

や

やう〱に　一三④
やくそく
御—　一一②
やどをとらん　一八⑩
やめ(止)
邪執を—　一三④
そしりを—　一二⑧
やま(山)　一三⑥

ゆ

ゆくぢ
経釈の—　一二③、一八⑨
夕　一六③
ゆゝしき学匠　一二②
踊躍歓喜　九①、九⑤
唯円房　九②、一三③
唯信抄　一三⑦

よ

世をわたる　一三⑥

世のひと　三②
よく〳〵　九④、一八⑤、一八⑥、
　一八⑧
よき(善)
　よからんもの　一三⑥、一六④
　よきこゝろ　一三②
　善をしりたる　一八⑦
　よきをばよしとおもひ　一三③
　善こと　一三⑦
　よきひと　一二③
　よくて　一三③
よし悪　一八⑦
よりて(仍)　序③、三⑤
よも　一三⑤、一八④
よろこぶ　九③
よろこばぬ　九③
よろづのこと　一六⑥、一八⑦
欲心　一八③

ら

来世の開覚　一五②
老少善悪　一②
老若　一〇②
洛陽　一〇②

り

利益　一五④
　一切衆生を―せん　一五③
　衆生を―する　四①
　摂取不捨の―　一①
　滅罪の―　一四①
利養　一二③
領状　一三③
(遼→れ)
輪廻す　一五⑤
臨終正念といのる　一四⑤

る

流転　九④
　つねに―して　一八⑥

れ

遼遠　一〇②

ろ

露命　一八⑤
(老→ら)
六根清浄　一五②
六道四生　五②
六道に輪廻す　一五⑤
論議問答　一二⑧

わ

わが
　―いふことを　一三③
　―こゝろ　一一③、一三③
　―宗　一二④
　―ちから　五②
　―弟子　六①、六②、一八④
　―はからはざるを　一六⑥
　―はからひ　六②、八②、一六⑤
　―法　一二④
わざと　一三④
私の言　一八⑨
わたり(渡)
　生死の苦海を―　一五③
わづかに　一八⑤
われ(我)
　―とつみをけし　一四③
　―は　一二⑦
　―ものしりがほに　一六⑥
　―もひと(人)も　一二⑤、一八⑦、

一八⑧
われら　一三⑤
—が　一三③、一四①、一八⑥
—がごとく　一二⑤
—がためには　一二⑤
かくのごときの—　九③
煩悩具足の—　三⑤
わろからんにつけて　一六⑤
往生　一一④、一四③、一六⑤
—をとぐ　三①、一四④
—をばとぐる　一①
—をとげ　一六③
—かなふべからず　一三①、一六②
—極楽　二①
—す　三②、三⑤、六③、一二②、
一四①、一四③
—せんとはげむ　一四③
—には　一六⑥
—の要　二②、一二②
—の業　一一③、一三④
—のさはり　一三④
—の正因　三⑤
—の信心　一八④
—のたすけさはり　一一③
—のために　一三③
—のみち　二②
—はいかゞ　一二⑧
—は弥陀にはからはれ　一六⑤
—は一定　九③、一三③
—はいよ〳〵一定　一二⑦
—は決定　九⑤
—不定　一二①
順次の—　一二③
真実報土の—　三④
すみやかに—をとぐ　一四④
辺地の—　一七①
和讃　一五⑤

あとがき

『歎異抄略註』は、故多屋頼俊先生が、国文学・国語学のご専門の立場から的確な註釈と、解説をつけられ、主として大谷大学で授業テキストとして、あるいは学習会の教材として昭和三十九年度から、使用された。

当時、真宗の立場から編集された岩波文庫の歎異抄なども見られたが、本書は、歎異抄の本文を古典として、より厳密に読むという立場から編集されたのである。多屋先生は、山口益先生らと『佛教学辞典』を編集され、国文学・国語学のみならず、仏教学にも造詣が深く、法語をはじめ和讃史・親鸞聖人御消息に関する著書・論文を数多く執筆しておられる。そのような広く・深い学識で、『歎異抄略註』を編集された。

今回、復刊するに際し、付編として、多屋頼俊著『歎異抄新註』「序編　歎異抄の意訳」を収載し、読解の参考とした。幻の名著である『歎異抄略註』が、宗門関係のみならず、一般に広く読まれ、また学習会テキストとして活用されることを念願する次第である。

平成二十年五月二十八日

監修者　石橋義秀
　　　　菊池政和

著者略歴

多屋頼俊（たや　らいしゅん）

明治35年、福井県に生まれる。昭和２年、大谷大学文学部卒業。

大谷大学名誉教授。文学博士。真宗大谷派講師。

平成２年７月13日逝去。

著書
『和讃史概説』『源氏物語の思想』（法藏館）、『日本古典文学大系82　親鸞集・日蓮集』共著（岩波書店）、『多屋頼俊著作集』（法藏館）

監修者略歴

石橋義秀（いしばし　ぎしゅう）

昭和18年、京都府に生まれる。大谷大学大学院博士課程満期退学。

大谷大学教授。

菊池政和（きくち　まさかず）

昭和35年、愛知県に生まれる。大谷大学大学院博士課程満期退学。

花園大学非常勤講師。

歎異抄略註《たんにしょうりゃくちゅう》

二〇〇八年七月一五日　初版第一刷発行

著　者　多屋頼俊
発行者　西村明高
発行者　株式会社　法藏館
京都市下京区正面烏丸東入
郵便番号　六〇〇-八一五三
電話　〇七五-三四三-〇〇三〇（編集）
〇七五-三四三-五六五六（営業）

印刷・製本　中村印刷株式会社

ISBN978-4-8318-4148-3 C1015